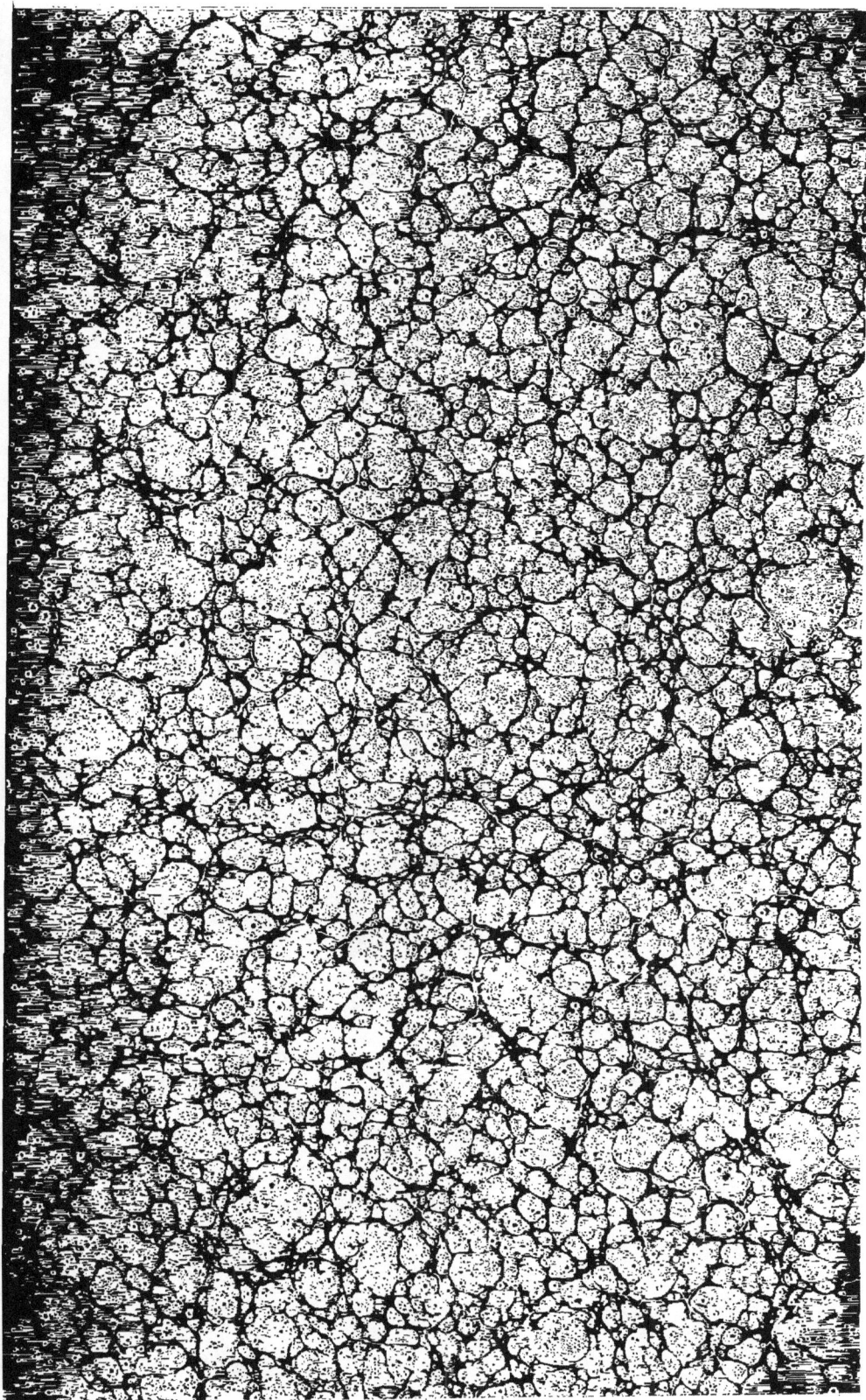

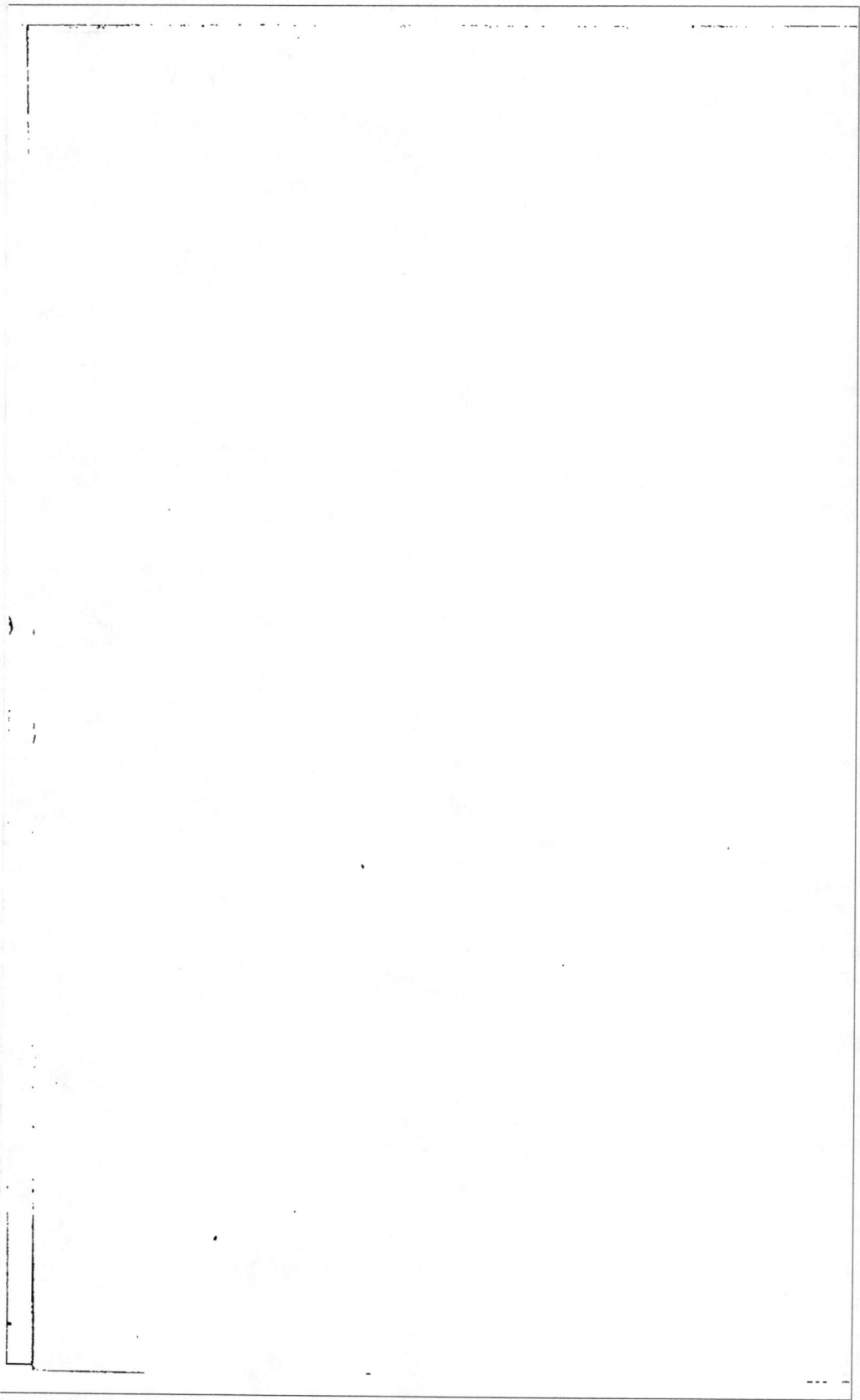

HISTOIRE

DU

CABINET DES MÉDAILLES,

ANTIQUES ET PIERRES GRAVÉES.

PARIS.—IMPRIMERIE DE E.-B. DELANCHY,
l'aub. Montmartre, n. 11.

HISTOIRE

DU

CABINET DES MÉDAILLES,

ANTIQUES ET PIERRES GRAVÉES;

AVEC

UNE NOTICE

SUR LA BIBLIOTHÈQUE ROYALE,

ET UNE

DESCRIPTION

DES OBJETS EXPOSÉS DANS CET ÉTABLISSEMENT;

PAR MARION DU MERSAN,

DU CABINET DES MÉDAILLES,

CHEVALIER DE LA LÉGION-D'HONNEUR.

PARIS,

CHEZ L'AUTEUR,

RUE NEUVE-DES-PETITS-CHAMPS, N° 12.

1838.

The medal, faithful to its charge of fame,
Thro' climes and ages bears each forme and name :
In one short view subjected to our eye,
Gods, emp'rors, heroes, sages, Beauties, lie.

POPE, *Moral essays*, epistle V,
To M. ADDISON,
Occasioned by his *Dialogues on medals*.

Des âges écoulés, fidèles messagères,
Les médailles, gardant leurs empreintes légères,
Sur le métal frappé nous retracent les lois,
Les dieux et les héros, les belles et les rois.

HISTOIRE

DU

CABINET DES MÉDAILLES.

INTRODUCTION.

L'histoire de la fondation et des accroissements du Cabinet des médailles tient à l'histoire même de la science numismatique, ainsi qu'à celle des établissements qui honorent et embellissent notre capitale.

On ne verra pas sans intérêt ce que trois siècles et la protection éclairée de plusieurs souverains ont fait pour une science qui marche aujourd'hui de pair avec toutes celles qui élèvent l'esprit, et éclairent les hommes.

De modestes et laborieux savants ont consacré de longues veilles à enrichir ce trésor, qui long-temps était resté enfoui dans un obscur sanctuaire, où pénétraient les seuls initiés. L'esprit de publicité, qui depuis un demi-siècle a fait tant de progrès, a rendu accessible à tous cette source, où viennent maintenant puiser chaque jour les hommes avides d'instruction, et ceux qui veulent compléter la somme de leurs connaissances. Les cabinets formés par des particuliers finissent presque toujours par être disséminés : leur existence a des bornes qui ne leur permettent pas d'arriver à un certain degré de perfection ; mais les établissements publics survivent à leurs fondateurs, s'accroissent par les tributs que leur apportent des protecteurs puissants, et parviennent à une splendeur qui s'augmente par la richesse de l'ensemble et par l'expérience dont héritent, d'âge en âge, ceux qui se succèdent dans la carrière de la science. C'est ainsi que le Cabinet des médailles de France est devenu une grande richesse nationale, et que les éléments qui le composent ont un prix inestimable autant par leur valeur particulière, que par celle qui résulte de leur réunion.

Les hommes qui, par leurs premiers efforts, nous ont tracé la route dans la science, ont semé dans un champ où leurs travaux ont porté des fruits, dont ils nous ont légué la culture. Il ne nous reste plus qu'à perfectionner leur ouvrage, et nous devons dire, à leur gloire, que tout ce qu'ils nous ont laissé à faire, s'ils ne l'ont pas fait, c'est que les matériaux leur manquaient plutôt que le savoir et le talent.

Toutes les sciences ont pris un essor rapide; elles se prêtent un appui mutuel, et la science, jadis conjecturale de l'antiquité, est devenue aussi positive que toutes celles dont l'élévation honore notre époque. L'histoire n'est plus un amas de faits entassés sans critique, ou colorés du vernis de la passion; elle est animée d'un esprit philosophique qui lui rend sa véritable dignité. L'archéologie, marchant avec elle, lui prête maintenant l'appui qu'elle en avait reçu, et c'est sur ses bases puissantes que s'élève l'édifice dont l'harmonie atteindra enfin à la plus noble perfection.

Le Cabinet des médailles et antiques de France est, dans plusieurs parties, le plus complet de l'Europe. Sa collection de médailles et de monnaies est importante, autant pour la rareté et la belle conservation des pièces, que par l'utilité dont elle est pour l'étude. La *numismatique,* ou la science des médailles, que beaucoup de personnes regardent comme obscure et rebutante, a des rapports intimes avec tout ce qui charme et intéresse les esprits distingués; elle se rattache à l'histoire, à la chronologie, à la poésie, à la littérature, au dessin : tous les pays, tous les âges, toutes les phases de l'art, sont représentés sur les médailles antiques et modernes; l'histoire de trente siècles se trouve pour ainsi dire résumée dans la numismatique.

Les pierres gravées, moins nombreuses et moins importantes pour l'archéologie que les médailles, ont cependant, à l'œil, un

attrait plus séduisant. L'éclat des matières, l'exécution de quelques-unes, et surtout celle des camées, doivent frapper même
les personnes qui ne les envisageraient que comme de beaux et
riches bijoux.

Les bronzes, par la variété des sujets et la finesse de l'exécution, donnent une idée de la sculpture antique.

Les inscriptions et une quantité d'autres monuments nous
initient aux mœurs, aux usages, aux détails de la vie privée de
ces peuples dont il ne nous reste plus que le souvenir, mais qui
ont été nos maîtres dans les sciences, les lettres et les arts.

Beaucoup de personnes visitent le Cabinet des médailles et
antiques, sans avoir les notions premières qui peuvent donner
aux objets qu'elles ont sous les yeux tout l'intérêt dont ils sont
susceptibles.

J'ai pensé que cette notice, où une grande quantité de monuments de tout genre se trouvent décrits et expliqués, pourrait
présenter une espèce de *cours d'antiquités*, à la portée des gens
du monde, et utile à tous ceux qui, sans vouloir approfondir
cette science, sont pourtant bien aises d'en avoir une idée. A cet
effet, j'ai fait précéder la description des diverses sortes de monuments, de petits traités, qui offrent, dans un cadre succinct,
les connaissances principales relatives à chacune des séries dans
lesquelles sont classés ces monuments.

On y trouvera, outre la description des objets, l'histoire
de leur provenance, de leur découverte, des divers endroits
où ils ont été conservés avant de venir dans le Cabinet de
France, et la citation des auteurs qui les ont publiés et expliqués.

On ne s'attendra pas sans doute que je donne, dans cet ouvrage, la description de toutes les médailles que renferme le Cabinet. Les suites diverses se montent à plus de cent vingt mille
pièces, dont les catalogues manuscrits remplissent une vingtaine
de volumes in-folio. Cette description existe d'ailleurs, à peu
près complète, dans l'ouvrage de mon collègue, M. Mionnet,

conservateur-adjoint du Cabinet des médailles, qui a consacré trente années à cette publication, et qui a donné pour les peuples, villes et rois, quinze volumes et un volume de planches, et pour la numismatique romaine deux autres volumes.

L'histoire du Cabinet des médailles sera divisée en deux parties. La première contiendra l'explication de tous les monuments qui y sont exposés. Plus de la moitié de ces monuments étaient inédits ; les descriptions des autres se trouvaient disséminées dans divers recueils. Les pierres gravées se trouveront, pour la première fois, réunies dans un seul corps d'ouvrage et classées méthodiquement.

Une nomenclature raisonnée, une analyse qui réduit de vastes connaissances à un petit nombre de principes clairement posés ; un résumé qui épargne au lecteur les longueurs de la discussion, pour lui présenter d'une manière lucide les faits avérés, voilà ce que j'ai eu l'intention de présenter au public.

J'ai dû commencer mon ouvrage par la *partie descriptive*, parce qu'il est spécialement destiné aux personnes qui visitent le Cabinet, et que cette disposition leur sera plus commode.

La *seconde partie* contiendra des *Notices historiques* sur ce précieux dépôt, et sur les hommes distingués qui, depuis trois cents ans, ont, par leur protection et leurs travaux, contribué à son illustration.

HISTOIRE

DU

CABINET DES MÉDAILLES.

PREMIÈRE PARTIE.

DESCRIPTION DES MONUMENTS.

Le Cabinet des médailles et antiques a été construit en 1721 (1). C'est un beau salon éclairé par huit croisées, dont quatre donnent sur la rue Richelieu, et les quatre autres sur une cour et sur la rue Colbert, au-dessus d'une arcade qui fait communiquer cette rue à la rue Richelieu.

Le public entre dans le Cabinet des médailles et antiques par une porte qui s'ouvre à l'extrémité de la galerie de la Bibliothèque royale, parallèle à la rue Richelieu (2).

Il y a, dans la cour qui donne sur la rue Colbert, une entrée particulière.

La décoration de ce cabinet est dans le goût de l'époque; dans les trumeaux sont des médailliers portés sur des consoles, surmontés de tableaux et de trophées en relief; le haut des embrasures des croisées est orné de médaillons aussi en relief.

---

(1) Les médailles et antiques ont d'abord été au Louvre, ensuite à Versailles; elles ont été rapportées à Paris au commencement du règne de Louis XV. (*Voyez* la seconde partie de cet ouvrage.)

(2) Ce cabinet est ouvert au public les mardi et vendredi de chaque semaine, depuis dix heures du matin jusqu'à trois heures.

Les grands tableaux qu'on voit aux deux extrémités du Cabinet sont : à gauche en entrant, le *Portrait de Louis XIV* d'après Rigaud, par M. Pellier ; en face, celui de *Louis XVIII,* par M. Scheffer. Celui-ci a remplacé, lors de la restauration, le *Portrait de Louis XV.*

Autour de la salle, *Apollon* et les *Muses.*

Le premier tableau, à droite en entrant, *Thalie,* muse de la comédie.

Le deuxième, *Terpsichore,* muse de la danse.

Le troisième, *Calliope,* qui préside à la poésie héroïque et à l'éloquence. Devant elle, des génies couronnent le buste d'Homère.

Ces trois tableaux sont de Natoire.

Le quatrième, au-dessus de la porte, *Melpomène,* muse de la tragédie.

Le cinquième, qui lui fait pendant, *Uranie,* qui reçoit son nom de la contemplation du ciel.

Ces deux tableaux sont de Boucher.

Le sixième, en retournant à gauche, *Euterpe,* qui préside à la musique ; elle est accompagnée de *Pan.*

Le septième, *Apollon,* entre *Mercure* et *Hercule.*

Le huitième, *Polymnie,* qui doit son nom aux hymnes qu'elle compose pour célébrer les dieux et les héros.

Ces trois tableaux sont de Vanloo.

Le neuvième, au-dessus d'une grande armoire vitrée, *Érato,* muse des poésies amoureuses.

Le dixième, au-dessus de la porte d'entrée, *Clio,* muse de l'histoire.

Ces deux tableaux sont de Boucher.

Ces tableaux se ressentent du goût de l'école de peinture du siècle de Louis XV ; mais l'idée de réunir Apollon et les Muses convenait parfaitement à la décoration d'un cabinet de médailles, l'étude de ces monuments se rattachant à toutes les sciences et à tous les arts.

FAUTEUIL DE DAGOBERT.

A gauche, en entrant, le premier objet qui se présente est le fauteuil de Dagobert (1), que l'on conservait autrefois au trésor de Saint-Denis. La tradition dit que ce fauteuil de bronze avait été fabriqué par saint Éloi, vers l'an 600. Les quatre pieds sont d'un travail plus ancien et beaucoup meilleur que la partie supérieure. Ce siége ressemble à la chaise curule des Romains. Il a été redoré du temps de l'abbé Suger, en 1122; il a été transporté à Boulogne, au mois d'août 1804, pour la distribution des croix de la Légion-d'Honneur. Une médaille, frappée en 1804, représente Napoléon sur une estrade, assis sur ce fauteuil, et faisant cette distribution.

On vient d'exécuter une copie en bronze de ce fauteuil, pour l'abbaye de Saint-Denis.

ARMURES.

On voit, dans les embrasures des croisées, huit armures françaises qui étaient autrefois conservées dans la galerie du prince de Condé, au château de Chantilly; et qui ayant été, lors de la révolution, transportées au Garde-Meubles, furent remises au Cabinet des médailles, le 8 floréal an V (27 avril 1797).

La première à droite, en venant de la porte d'entrée, est une armure du XVIe siècle, faussement attribuée jusqu'à présent à Philippe de Valois. Elle est ornée de bandes, alternativement dorées et en acier bruni, remplies de dessins gracieux. Les

---

(1) Montfaucon, *Monuments de la monarchie française*, t. 1, p. 36, pl. 3 ; Willemin, *Monuments civ. et milit.*; D. Félibien, *Hist. de St.-Denis*, p. 175 et 545; et *Vie de Suger*, par Guillaume de Nangis, moine de Saint-Denis.

bandes d'acier portent des branches enlacées de chêne avec leurs glands, et diverses fleurs. Sur les bandes dorées sont des palmettes et un chiffre répété composé des lettres P. P. A. M.

L'armure que l'on voit en face est celle de Henri II, richement damasquinée en argent. Elle porte les chiffres de Henri et de Diane de Poitiers, et les attributs de la déesse de la chasse. C'est un ouvrage d'une grande beauté. Le casque est orné d'une couronne de feuilles de laurier dorées.

La première armure de la croisée suivante a appartenu à Henri IV. Elle est marquée d'un coup de la balle d'essai au côté droit de la cuirasse. Le casque est entouré de fleurs de lis en cuivre doré.

Celle qui est en face est l'armure de Sully. Cette armure est en cuivre; elle est recouverte d'un vernis qui laisse voir des gravures au burin extrêmement délicates, représentant des armes, des animaux, des sujets mythologiques et une grande quantité de charmantes arabesques. Les armures en cuivre sont beaucoup plus rares que celles en fer.

ARMURE DE FRANÇOIS Ier.

Sur la porte d'un cabinet, à droite, est un trophée d'armes; un casque, un bouclier et une épée, damasquinés en or, qui ont appartenu au roi François Ier. Le casque a pour cimier la salamandre, emblème adopté par ce prince. Son épée est la seconde à droite. La garde et le pommeau sont ornés de ciselures d'un travail admirable. La lame est espagnole, comme l'indique le nom du fabricant qui y est gravé en lettres gothiques espagnoles : DE TOMAS DE AIALA.

Le bouclier est orné d'arabesques très-gracieuses, composées de satyres, d'amours, de chimères, de trophées et de palmettes. Au milieu est une pointe d'acier longue de plus de six pouces. Le casque et le bouclier sont doublés en velours vert à broderies en filigranes d'or.

Cette armure a été apportée de la Hollande et déposée au cabinet des antiques d'après un arrêté du comité d'instruction publique, en date du 28 messidor an III (16 juillet 1795). Elle est d'un travail si exquis, que l'on a cru pouvoir penser qu'elle avait été faite par le célèbre *Benvenuto Cellini*. Elle est gravée dans les monuments civils et militaires de Willemin, livraisons 3, 9, 19 et 27. On a supposé qu'après la bataille de Pavie, elle avait passé dans les mains du comte de Lannoy, à qui François Ier s'était rendu.

La première épée, à droite, a appartenu à Henri IV : c'est une arme pour la chasse du sanglier. Elle est garnie d'un pistolet dont le canon descend jusqu'au milieu de la lame. On lit deux fois sur cette lame le mot VALENCIA, en caractères gothiques espagnols, ce qui indique qu'elle a été fabriquée à Valence.

La troisième épée, placée au milieu, et dont la poignée est richement émaillée, est celle des grands-maîtres de Malte, connue sous le nom d'*épée de la religion*. Elle fut envoyée au Directoire par le général Bonaparte, après la prise de Malte, le 24 prairial an VI (12 juin 1798).

La quatrième épée a été envoyée au cabinet par l'Institut de France, le 25 avril 1833, avec quelques autres armes. La garde est ornée de petits médaillons d'empereurs romains. Ce genre d'ornements peut faire supposer qu'elle a appartenu à Henri IV, ainsi que la suivante. La lame porte l'inscription DE PEDRO DE TORO DE TOLEDO. On connaît la réputation des armuriers de Tolède.

La cinquième épée est ornée de coquilles gravées en relief, représentant les rois prédécesseurs de Henri IV. Ce prince aimait beaucoup les médailles et les pierres gravées. (Voyez les boutons de son pourpoint, représentant les douze Césars, dans la montre des camées modernes.) La lame porte l'inscription : DE. SILBESTRE. NIETO. EN. TOLEDO. ANNO 1514. Elle est de Tolède, comme la précédente, et faite par Silvestre Nieto.

Au-dessous sont deux masses d'armes mises en sautoir. L'une d'elles, richement damasquinée en or, a appartenu à Henri II, roi de France. Sur les six tranches de la tête de cette masse, sont représentés en damasquinures une chasse, des paysages et une vue de Marseille, avec l'inscription : MARSELIA. Au milieu de la poignée, le chiffre du roi et de Diane de Poitiers en damasquinure d'argent; à côté, le croissant aussi en argent, et, en lettres d'or, la devise : DONEC TOTUM IMPLEAT ORBEM (*jusqu'à ce qu'il remplisse l'univers*). Au-dessus et au-dessous de la devise royale, deux autres devises : 1° NON HINC LEVIA AUT LUDICRA PETUNTUR PRAEMIA (*on ne peut en recevoir ni de légères ni d'agréables récompenses*); 2° DECUS ET TUTAMEN IN ARMIS (*ornement et défense à la guerre*). Cette masse d'armes, qui porte aussi plusieurs inscriptions arabes, a sans doute été fabriquée en Afrique pour Henri II.

L'autre masse d'armes, qui est damasquinée en argent et en or, est garnie d'un pistolet à rouet. Elle paraît être de la fin du XVIᵉ siècle.

TROPHÉE D'ARMES ORIENTALES.

Sur la porte à gauche est un trophée d'armes orientales; bouclier et casque turcs du XVIᵉ siècle, incrustés d'or. Le bouclier est en jonc recouvert de soie ; la plaque du centre est en fer damasquiné avec le plus grand soin. Quatre des épées paraissent avoir été fabriquées dans le Caboul et dans le Lahore. La dernière, à droite, est japonaise. La poignée de celle du milieu est en jade, comme aussi la poignée du poignard placé au-dessous, avec une hache d'armes en beau damas incrusté d'or, et dont le manche est gravé et fortement doré.

En remontant aux croisées suivantes :

L'armure à droite, dans la croisée, est un ouvrage du XVIᵉ siècle ; la tradition ne dit pas à qui elle a appartenu. A gauche, est une fort belle armure de Louis XIII, semblable à celle qu'il porte dans son portrait fait par Philippe de Champaigne, conservé au Musée du Louvre, n° 387 (*École flamande*). Cette armure est en fer, ornée de fleurs de lis découpées, et semée d'autres fleurs de lis de cuivre doré. Le casque porte des guir-landes de laurier dorées.

Dans l'embrasure de la croisée suivante, une jolie petite ar-mure d'enfant, en fer bruni, à petites mosaïques gravées et damasquinées en or.

En face, l'armure du jeune duc de Bourgogne, petit-fils de Louis XIV, né en 1682. Elle est en fer poli, orné de bandes dorées et ciselées ; elle a 4 pieds 4 pouces de haut.

VASES PEINTS.

En faisant le tour du cabinet, sans s'arrêter aux montres vitrées placées dans les embrasures des croisées, qui formeront un chapitre particulier, on verra, sur les médailliers qui rem-plissent les entre-deux des croisées, des vases grecs et quelques bustes antiques.

Les vases de terre vernissée, à fond noir, dont les figures sont ordinairement rougeâtres, ont été long-temps appelés *étrusques*, parce que ceux qui en ont les premiers donné des descriptions, les avaient regardés comme uniquement fabriqués dans l'Étrurie (la Toscane) (1). Depuis, on a trouvé une grande quantité de ces vases dans la Grande-Grèce et dans les tom-beaux d'Athènes. On peut donc les appeler plus généralement *vases grecs*, quoiqu'il y en ait quelques-uns d'étrusques (2).

(1) On ne trouve point sur les vases peints d'inscriptions en caractères étrusques : *Lanzi, sopra i vasi dipinti.*

(2) M. Raoul-Rochette n'admet aucune fabrique sur le sol même de la Toscane, et pense que tous les monuments de la Céramique, trouvés en Étrurie, y ont été importés par le commerce

(*Annal. de l'Institut archéol.*, t. VI, p. 285.)

On les désigne plus convenablement par le nom de *vases peints*.

C'est à l'usage des anciens de placer des vases dans leurs tombeaux, que l'on en doit la conservation. Ces vases étaient ceux qui avaient contenu le vin, le lait, l'huile et les parfums que l'on versait sur le corps des morts, et celui qui avait contenu l'eau lustrale destinée à purifier les personnes qui avaient touché le cadavre.

Les vases étaient aussi des prix remportés dans les jeux ou dans les gymnases; et l'on plaçait encore dans les tombeaux, ceux qui avaient été chers à la personne décédée.

Ces vases représentent des sujets relatifs à la mythologie, à l'histoire héroïque, aux mystères, aux gymnases et aux cérémonies funèbres. Les inscriptions que portent souvent ces vases, sont fort utiles pour la paléographie.

Les formes et les ornements des vases ont le plus grand intérêt pour l'histoire de l'art.

———

La collection des vases du Cabinet des médailles est peu nombreuse, mais c'est la plus ancienne que l'on ait eue en France. Celle du Musée royal est beaucoup plus considérable; elle s'est enrichie du cabinet de feu M. Durand.

Depuis, plusieurs collections importantes ont été formées par des particuliers. Les découvertes faites récemment dans les terres du prince de Canino, en 1828 et en 1829, ont considérablement enrichi cette intéressante série des monuments antiques (1).

On peut consulter l'*Introduction* que Millin a mise à la tête

_____

(1) Voy. *Museum etruscum*, 1830, et la *Notice* de M. Raoul-Rochette sur cet ouvrage, dans le *Journal des Savants*, février et mars 1830.

de la *Description des vases peints* (1) publiés par Dubois-Maison-Neuve, en 1808; et la *Dissertation* de M. Quatremère de Quincy sur la *céramique* des anciens.

BUSTES ET VASES

SUR LES MÉDAILLIERS.

On verra, sur le grand médaillier qui est sous le portrait de Louis XIV, trois bustes en marbre, deux vases grecs et trois vases de verre ayant servi d'urnes cinéraires.

Au milieu, buste en marbre de Paros, de *Marcus Modius Asiaticus*, médecin méthodique. Ce buste, du plus beau travail et d'un grand caractère, avait été envoyé de Smyrne à M. de Pont-Chartrain, ministre de la marine; il fut acheté, à sa mort, par

---

(1) Millin indique dans son *Introduction* tous les auteurs qui se sont occupés des vases peints, dont les principaux sont : Dempster, *Etruria regalis* ; Gori, *Museum etruscum* ; Winkelman ; d'Hancarville, *Description des vases du cabinet d'*Hamilton, Passeri, Tischbein, Boettiger, Lanzi ; Delaborde, *Description du cabinet de M. le* comte de Lamberg.

Depuis l'ouvrage de Millin, il en a été publié plusieurs autres : *Peintures antiques et inédites de vases grecs*, tirées de diverses collections, avec des explications, par J. V. MILLINGEN, in-f°, Rome, 1813 ; *Recherches sur les véritables noms des vases grecs et sur leurs différents usages*, par M. PANOFKA, 1 vol. in-f°, 1829. M. Letronne a réfuté l'ouvrage de M. Panofka, dans ses *Observations philologiques et archéologiques sur les noms des vases grecs*, publiées dans le *Journal des Savants*, et réunies ensuite en corps d'ouvrage, in-4°, 1833.

Un ouvrage plus récent, que l'on ne doit point considérer comme un simple catalogue, est la *Description d'une collection de vases peints provenant des fouilles de l'Étrurie*, par M.-J. de WITTE, Paris, 1837, enrichie de notes savantes par M. Charles Lenormant, conservateur de la Bibliothèque royale.

M. le duc de Valentinois, qui le donna, par son testament, au cabinet du roi. M. de Pont-Chartrain en avait fait jeter une copie en bronze par Girardon; Montfaucon a publié cette copie, qu'il a prise pour l'original (1).

Deux inscriptions grecques rendent ce buste très-intéressant; l'une, en vers, est gravée sur la poitrine même d'Asiaticus; l'autre sur le piédouche. Nous remarquerons que dans la première, les *epsilon* et les *sigma* sont carrés; et que dans la seconde, ils sont ronds, ce qui indique que celle-ci est postérieure.

Inscription du piédouche :

M. ΜΟΔΙΟϹ. ΑϹΙΔΤΙΚΟϹ. ΙΔΤΡΟϹ. ΜΕΘΟΔΙΚΟϹ.

Marcus-Modius-Asiaticus, médecin méthodique.

Les deux premiers noms montrent qu'Asiaticus avait obtenu les droits de citoyen romain.

Inscription placée sur la poitrine :

ΙΗΤΗΡ ΜΕΘΟΔΟΥ ΑΣΙΑΤΙΚΕ ΠΡΟΣΤΑΤΑ,

ΧΑΙΡΕ,

ΠΟΛΛΑ ΜΕΝ ΕΣΘΛΑ ΠΑΘΩΝ

ΦΡΕΣΙ ΠΟΛΛΑ ΔΕ ΛΥΓΡΑ.

Médecin méthodique, Asiaticus, mon patron,
Salut,
Toi, dont le cœur a éprouvé beaucoup de satisfactions,
et qui as également souffert beaucoup de tourments.

---

(1) Caylus, t. 6, p. 142, pl. 42; Visconti, *Iconogr. grecq.*, t. 1, p. 283, pl. 31 ; Monfaucon, *Ant. expl., Suppl.*, t. 3, pl. 8.

A droite, une tête d'enfant en marbre, d'un très-beau travail (1) ; on a cru y trouver de la ressemblance avec les têtes de Néron jeune : M. Visconti avait adopté cette idée. A gauche, un buste d'Atys (2). Le vase grec, à gauche , représente un combat entre les Arimaspes et les griffons (3). Le vase à droite un combat entre les Amazones et les Grecs (4).

Sur l'autre grand médaillier du milieu , entre deux portes , devant le portrait de Louis XVIII , cinq têtes en bronze. La première, à gauche, tête inconnue. La deuxième, une superbe tête en bronze de l'empereur Tibère , trouvée en 1759 , à Mahon , dans l'île Minorque (5). Les yeux sont en argent.

La troisième, au milieu, tête en bronze, couronnée de tours, représentant Cybèle. Cette tête, d'un très-beau travail, a été trouvée vers 1675, auprès de Saint-Eustache, dans les jardins de M. Berrier, où l'on découvrit les murailles d'une vieille enceinte de la ville de Paris, ou même de quelque édifice plus ancien. Cette tête était dans une tour ruinée. Il y en avait une copie tirée sur l'original dans la bibliothèque de Sainte-Geneviève. (*Voyez* Du Molinet dans les *Recherches curieuses d'antiquités* de Spon, p. 307.) Elle fut achetée d'abord par Girardon, célèbre sculpteur. A sa mort, M. de Crozat en fit l'acquisition ; elle appartint ensuite à M. le duc de Valentinois, qui la donna au roi par son testament (6).

La quatrième tête en bronze est attribuée à *Cœlius Caldus*, qui fut consul l'an 660 de Rome , quatre-vingt-quatorze ans avant Jésus-Christ. Elle fut trouvée dans des fouilles que l'on

---

(1) Caylus, t. 3 , p. 121, pl. 31.
(2) Caylus, t. 3 , p. 121, pl. 31.
(3) Millin, *Monum. antiq. inédits*, t. 2, p. 129, pl. 16.
(4) *Idem*, t. 1, p. 69, pl. 9.
(5) Caylus, t. 7, p. 309 , pl. 92.
(6) Caylus, t. 2, p. 378 , pl. 131 ; Montfaucon, *Antiq. expliq.*, t. 1, p. 6, pl. 1.

faisait à Montmartre, en 1737, et achetée 12 francs d'un ouvrier, par M. Genevrier, médecin (1). La cinquième tête est inconnue, peut-être *Marcus Brutus*.

On voit, à droite et à gauche, deux candélabres de bronze, qui servaient aux anciens à suspendre les lampes (2).

Sur le médaillier, devant le tableau d'Apollon, buste d'un jeune Romain inconnu (3). Sur le médailler vis-à-vis, un pied de bronze trouvé à Lillebonne.

ARMOIRE VITRÉE,

PARALLÈLE A LA PORTE D'ENTRÉE.

Cette armoire est surmontée d'un papyrus (4) portant des figures de divinités et des caractères égyptiens.

BOUCLIER *dit* DE SCIPION.

Sur la tablette du haut, à gauche, un plateau d'argent, improprement nommé *Bouclier de Scipion*. C'est un disque qui a été trouvé dans le Rhône, près d'Avignon, par des pêcheurs, en 1656. Il a vingt-six pouces de diamètre et pèse quarante-deux marcs.

Les pêcheurs qui l'avaient trouvé en rompirent les bords et ne crurent pas sans doute qu'il fût d'argent, puisqu'ils le vendirent pour un prix très-médiocre à un orfèvre d'Avignon, nommé Grégoire (5). Celui-ci le fit dessiner et l'envoya à Lyon,

(1) Caylus, t. 3, p. 394, pl. 9.

(2) *Idem*, t. 5, pl. 94.

(3) *Idem*, t. 1, pl. 81.

(4) Le papyrus est une espèce de canne ou de roseau qui naît dans les lieux bas de l'Égypte. C'est avec les couches ou enveloppes intérieures de la tige de cette plante que se fabriquait le papier d'Égypte.

(5) M. de Boze s'est trompé en disant, dans l'*Histoire de l'Académie des belles-lettres*; t. 9, p. 154, que ce disque avait été coupé en quatre, et que l'orfèvre avait fait passer chaque morceau dans différentes villes.

chez un joaillier appelé Simonet, qui en parla à M. de Mey, amateur d'antiquités. M. de Mey fit ressouder les pièces qui avaient été détachées. Après sa mort, son gendre, riche négociant, ayant éprouvé des pertes dans son commerce, voulut faire ressource de ce disque, qu'on appelait *médaillon;* il l'adressa au Père de la Chaise, qui le fit acheter par le roi.

Spon donna le premier une description de ce monument, qu'il regardait comme un bouclier votif (1); il pensait qu'il représentait la continence de *Publius Cornelius* SCIPION, qui, après la prise de Carthage-la-Neuve, rendit à Allucius l'épouse qui lui était promise.

Depuis cette époque, ce monument a toujours été connu dans le monde sous la dénomination de *Bouclier de Scipion.* Montfaucon en a donné la figure sous ce nom (2).

Winckelman (3) pensa le premier que cette opinion était erronée, et que le sujet était grec, comme l'indique assez le costume des personnages (4); il le trouva dans le XIXe livre de l'Iliade, où *Agamemnon rend à Achille la belle Briséis,* qu'il lui avait enlevée. Nous verrons plus loin que cette explication doit subir plusieurs modifications. Voici celle de Millin :

La scène est dans *l'habitation* d'Achille, que toutes les traductions appellent improprement *tente.* Ce héros est assis sur un siége qui a un marchepied; Briséis lui est présentée par un jeune homme qui pourrait être Antiloque, celui qu'Achille chérissait le plus après Patrocle. De l'autre côté est Agamemnon qui, d'une main, tient son épée, et, posant l'autre sur sa poitrine, atteste avec serment qu'il a respecté Briséis. Le vieux Phénix est assis à terre devant son élève (5). Aux pieds du hé-

(1) *Recherches d'antiquités*, Lyon, 1675, pl. 1.
(2) *Antiq. expliq.*, t. 4, pl. 23.
(3) *Essai sur l'allégorie*, trad. de Jansen, t. 1, p. 3.
(4) Scipion n'aurait pas été représenté nu comme un héros homérique.
(5) Il est entièrement nu, ce qui ne conviendrait nullement à un personnage romain.

ros sont des armes, des casques, des cuirasses, des épées, et, au milieu, les *cnémides*, ou jambières, par lesquelles Homère caractérise toujours les Grecs (1), et qui, sur plusieurs monuments, servent à désigner Achille.

Nous pensons avec M. Lenormant que le sujet représente *Briséis enlevée à Achille par les hérauts d'Agamemnon*, comme le prouve le rapprochement de ce monument avec la belle peinture trouvée récemment dans les fouilles de Pompeï, qui ornait l'*atrium* d'une maison nommée *la maison du poète tragique*, et qui a été publiée par M. Raoul Rochette dans l'Achilléide (2).

Achille, assis à l'entrée de son habitation, parle à un personnage qui n'est point Agamemnon, commme l'avait pensé Millin (3), mais Ulysse, reconnaissable à son bonnet, ou *pileus*, et qui est accompagné des hérauts Eurybate et Thaltybius. Briséis est amenée par Patrocle (4); son attitude exprime la douleur.

Ce disque, par son travail, paraît avoir été fabriqué au temps de Septime-Sévère; les usages des Romains, confondus avec ceux des Grecs, témoignent qu'il a été fait à Rome; il était probablement destiné à des usages domestiques, à celui de la table; c'est pour cela, sans doute, que les figures ont si peu de relief, et qu'elles sont ce qu'on appelle *méplates*; peut-être ce plateau ornait-il le buffet de quelque riche Romain (5).

BOUCLIER *dit* D'ANNIBAL.

A droite, un disque d'argent, trouvé dans le Dauphiné, et improprement nommé *Bouclier d'Annibal*. Ce qui a pu donner lieu à cette dénomination, c'est le sujet représenté sur ce dis-

---

(1) *Iliade*, liv. 2, v. 330.
(2) *Monum. inéd.*, première partie, p. 75 et suiv., pl. 19.
(3) Il n'a point le costume qui convient au roi des rois.
(4) C'est le personnage que Millin nomme *Antiloque*.
(5) Millin, *Monum. inéd.*, t. 1, p. 69.

que ; on y voit un lion et un palmier , type des médailles de Carthage .

En 1714, un fermier de la terre de Passage (1) en Dauphiné , diocèse de Vienne , eut sa charrue accrochée par une grosse pierre , sous laquelle il trouva ce disque d'argent. Il le porta au seigneur du lieu, M. Gallien de Chabons, qui donna à son fermier quittance d'une année de sa ferme , lui recommandant le secret sur sa découverte. Il renferma ce disque , qu'il appelait une table de sacrifice , dans la sacristie de sa chapelle. Ce ne fut qu'après sa mort , que ses héritiers surent cette histoire par son livre de raison ; ils envoyèrent ce monument à M. de Boze , l'offrant au cabinet du roi. M. de Chabons avait écrit que si l'on se défaisait jamais de cet objet, il fallait avoir, en échange, de quoi entretenir un chapelain au château du Passage : il fut payé le double de sa valeur intrinsèque (2).

Quelques personnes doutent de l'antiquité de ce monument , et pensent qu'il aurait pu être fabriqué pour servir de pendant au prétendu *Bouclier de Scipion*.

Au milieu , une grande patère en bronze , publiée par Winckelmann (*Monum. inéd.* , pl. 156, pag. 210). Le milieu représente un personnage anguipède , qui a l'air d'un triton ; il est gravé en traits de burin ; le manche est composé de diverses figures ainsi superposées : une figure ailée; un homme qui de ses deux mains élevées supporte deux béliers, sous le ventre desquels se tiennent deux hommes , qui sont Ulysse et un de ses compagnons, sortant ainsi de la caverne de Polyphème.

(1) La tradition du pays dit que la terre de Passage avait retenu ce nom du passage d'Annibal avec son armée.

(2) *Hist. de l'Acad. des belles-lettres*, t. 9, p. 156.

A droite et à gauche sont suspendus des fers de lance et des
epées romaines en bronze.

Sur le devant de la même tablette, quatre casques en bronze;
le premier à gauche, trouvé dans l'Alphée, en 1818, a été donné
au cabinet par M. Dupré, amateur distingué d'antiquités.

Le deuxième, également donné par M. Dupré, a été trouvé
à Canosa, dans la Pouille.

Le troisième a été acquis de M. le chevalier Brondstedt.

Le quatrième est de l'ancien fonds du cabinet.

Au milieu, une vache en bronze, trouvée à Pompeï (1).

A droite et à gauche, quelques figurines égyptiennes, Osiris, le dieu Chat et le bœuf Apis.

DIPTYQUES.

Dans la division du milieu, au fond, des tablettes d'ivoire,
ou diptyques : ces monuments sont ainsi nommés parce qu'ils
sont composés de deux feuilles. Le mot grec *diptychès* signifie plié en deux (2).

Les consuls romains les faisaient fabriquer, et l'on voit dans
Sidoine qu'on les appelait *fastes*, parce qu'on y gravait le
nom du consul qui donnait son nom à l'année. Les consuls
en faisaient présent, à leur entrée en charge, au renou-
vellement de l'année, et c'était un honneur que d'en recevoir.

Ils les distribuaient au peuple, ils en envoyaient au sénat
de Rome, aux villes, aux églises, aux amis et parents qu'ils

(1) Caylus, *Recueil d'antiquités*, t. 2, pl. 40, p. 119,

(2) Gori avait composé un recueil de tous les diptyques connus, qui a été
terminé, après sa mort, par Passeri, en 3 vol. in-fo, 1759.

avaient dans les provinces. La Gaule reçut un grand nombre de ces diptyques; les rois mêmes des Francs purent en tenir de Constantinople.

Beaucoup de diptyques ont été conservés dans les anciennes églises, parce que l'on écrivait au dos de ces tablettes les noms des saints locaux et des évêques particuliers dont on faisait mention pendant la célébration des saints mystères. Ils étaient aussi posés sur les autels comme ornements.

A — Le premier, à gauche, est un diptyque complet, mais qui n'a rien d'instructif. Les tablettes sont décorées d'ornements très-simples, sans inscriptions; elles servaient de couverture à un recueil de répons, de graduels et d'alléluiatiques. L'intérieur est couvert de différents essais de musiques d'*alleluia*, de *kiric eleison*, de répons; cette musique est écrite; elle est marquée par des points au-dessus des mots : elle est plus ancienne que l'invention des notes, et paraît être du IXe siècle. Ce diptyque était, en 1804, chez M. Legouz, chanoine d'Autun; il a été acquis pour le Cabinet des médailles et antiques, le 25 juillet 1805 (1).

B — La deuxième feuille d'ivoire est un fragment de diptyque chrétien, qui paraît être du XIIIe siècle. Il représente, dans la partie supérieure, le Christ assis, les mains élevées; sous ses pieds, et dans un demi-cercle formant une espèce de voûte, trois petites figures assises, et les mains jointes; à droite et à gauche, la Vierge et saint Jean, en adoration, à genoux, les mains jointes.

Dans la partie du milieu, cinq apôtres portant chacun un livre. Dans la partie inférieure, les trois Mages venant adorer le Christ, et une figure gardant leurs chevaux dont on voit les trois têtes. Cette sculpture a été peinte et dorée.

------

(1) Il est gravé dans l'atlas du *Voyage* de Millin *dans le midi de la France*, pl. 19, n° 1.

C. — La troisième feuille d'ivoire est une moitié de diptyque qui porte l'inscription suivante dans le rond du milieu :

† MVNERA PARVA QVIDEM PRETIO SED HONORIB*us* ALMA.

Ces présents sont petits à la vérité par leur valeur, mais flatteurs par l'honneur qu'on y attache.

Cette inscription est relative à l'usage dont nous venons de parler.

A la partie supérieure, on lit dans un cartouche : † FL. PETR. SABBAT. INSTINIAN. V. I. *Flavius Petrus Sabbatus Justinianus, vir inlustris.* Le nom de ce magistrat, qu'on ne doit pas confondre avec l'empereur Justinien, ne se trouve pas dans les fastes consulaires. Ce diptyque paraît être du VIe siècle. Il est décoré, au milieu, d'un grand rond de palmettes, et aux quatre coins, de petites roses qui ont au centre une tête de lion ; le travail en est très-délicat (1). Il a appartenu autrefois à M. Legouz, chanoine d'Autun ; il a été acquis pour le Cabinet des médailles le 6 thermidor an XIII, 25 juillet 1805.

DIPTYQUE DU CONSUL FLAVIUS FÉLIX.

D — La quatrième feuille d'ivoire est la moitié d'un diptyque conservé autrefois en entier dans l'église de Saint-Junien de Limoges, portant cette inscription :

FL. FELICIS. V. C. COM. AC. MAG.

L'inscription de l'autre partie, qui a été perdue, n'est connue que par la gravure qu'en ont donnée Mabillon (2) et Gori (3) ; elle complète le sens : VTRQ MIL. PATR. ET COS. ORD. *De Flavius Felix, homme très-illustre, comte et maître des deux milices,*

---

(1) Millin, *Voyage dans le midi de la France*, t. 1, p. 339, pl. 19, n° 2.

(2) *Ann. ord. S. Benedict.*, lib. 37, num. 94.

(3) *Thes. Diptych.*, t. 1, p. 131.

patricien et consul ordinaire. Le consul est debout , entre deux rideaux relevés sur les côtés ; il porte un sceptre surmonté de deux bustes , qui doivent être ceux de Valentinien III et de Théodose le jeune.

On reconnaît dans son costume la tunique de dessous, sans ornement (*subarmalis profundus*), la tunique de dessus, richement brodée, *tunica* (*palmata*), et la *trabea*, ancienne robe prétexte, réduite à une large bande, comme l'étole de nos prêtres représente la *stola*.

Ce consul n'est connu que par l'inscription de son nom dans les fastes consulaires , à l'année 428 de J.-C. Son diptyque est le plus ancien que l'on connaisse. Il a été envoyé au Cabinet des médailles par le ministre de l'intérieur, le 26 janvier 1808. Il a été récemment publié par M. Ch. Lenormant , dans le *Trésor de numismatique et de glyptique* (1). Il était connu par les anciennes publications de Banduri (2) et de Gori (3).

E — Le cinquième monument d'ivoire, au milieu des diptyques, est un monument d'ivoire à trois feuilles, qu'on peut appeler *triptyque,* ou *agiothyride* (4). Il ne faut pas confondre avec les diptyques , ces triptyques qui servaient et qui servent encore à mettre sur les autels dans l'église grecque. Les Russes en ont de plus petits et en différentes matières , qu'ils portent sur eux en voyage , comme des reliquaires, et dont ils se servent pour leurs prières.

La feuille du milieu représente le Christ sur la croix , entre la Vierge et saint Jean. Des inscriptions grecques placées sur ces deux figures rappellent les paroles du Christ : « Celle-ci est ta mère , celui-ci est ton fils ».

Au-dessus de la croix sont le soleil et la lune , et les anges Gabriel et Michel. Au pied de la croix , saint Constantin et

---

(1) *Rec. gén. de bas-reliefs et d'ornements*, pl. 12.
(2) *Imp. orient.* , p. 402.
(3) *Thes. vet. diptych.* , t. 1, p. 329.
(4) Du grec αγια et θυρα , porte sainte.

sainte Hélène en habits impériaux. Leurs noms sont écrits en grec au-dessus de leur tête. Sur le haut de la croix, on lit en grec : *Jésus-Christ, roi de gloire*; et sur la base : *Tu as souffert comme chair, comme dieu, tu délivres.*

Sur les deux vantaux sont, dans des médaillons, les figures à mi-corps de saints dont les noms sont aussi gravés en grec : saint Jean-Baptiste, saint Paul, saint Etienne, saint Chrysostôme, saint Côme, saint Élie, saint Pierre, saint Pantéléemon, saint Nicolas et saint Damien.

Ce monument est du plus beau travail.

F.—Le sixième monument d'ivoire est la pièce du milieu d'un triptyque ou agiothyride.

On y voit le Christ nimbé debout sur un *scabellum* ou marchepied très-orné, posant les mains sur les têtes de l'empereur Romain IV et de l'impératrice Eudocie, dont les noms sont écrits en grec au-dessus de leurs figures.

L'empereur Romain IV, surnommé Diogène, monta sur le trône d'Orient le 1er janvier 1068; il avait épousé Eudocie, veuve de Constantin Ducas.

Cette tablette d'ivoire, enchâssée autrefois dans une très-belle monture ornée de pierreries, servait de couverture à un évangéliaire dans l'église de Saint-Jean, à Besançon (1). Il a été acquis pour le Cabinet, de M. le baron de Roujoux, ancien sous-préfet de Dôle.

G.—La septième feuille d'ivoire est une moitié de diptyque qui porte cette inscription :

II. ANASTASIVS. PAVL.PROB.

MOSCHIAN. PROB. MAGNVS.

La profusion de noms propres que l'on remarque sur les diptyques était une manière de prouver sa noblesse, en récapitulant le nom de ses ancêtres.

---

(1) Ducange, *Constantinop. christiana*, p. 162, pl. 5; Gori, t. 3, p. 9; Chifflet, *Hist. de lint. sepulchr. Christi*, ch. 10.

Ce diptyque du consul Magnus est de l'année 518. Il a appartenu au savant Havercamp, au comte de Thoms en Hollande, au comte de Wassenaer, ensuite au professeur Hagenbuch, de Zurich, puis au professeur Saxe, mort à Leyde en 1806.

Le consul est sur un trône élevé de deux degrés. Il tient de la main droite la *mappa circensis* (1); de la gauche, un sceptre surmonté d'une aigle. Derrière lui, à droite, la figure de Constantinople, portant un bouclier; à gauche, celle de Rome portant la haste et la tessère (2), emblème des libéralités du consul, ou des spectacles qu'il donna au peuple, lors de son inauguration. Au-dessus de sa tête, une couronne de feuillages suspendue.

Dans la partie inférieure, deux hommes vident des sacs pleins de monnaie dans des mesures : ce sont les libéralités que le consul fait au peuple (3).

H. Le huitième diptyque, dont on n'a également qu'une feuille, est semblable au précédent, mais d'un meilleur travail; il appartenait peut-être au même consul. Il se pourrait qu'on en eût enlevé les parties supérieure et inférieure, qui portaient des inscriptions. Il est depuis long-temps dans le Cabinet des médailles (4).

I.—Neuvième pièce d'ivoire : diptyque complet, conservé autrefois dans l'abbaye de Saint-Corneille, à Compiègne (5).

Les deux feuillets sont ornés chacun de trois ronds ou médaillons entourés d'une bandelette qui unit, par des nœuds, ces médaillons à celui du milieu.

---

(1) Pièce d'étoffe que le consul jetait dans le cirque pour donner le signal des jeux.

(2) Petites tablettes d'ivoire, de bronze ou de plomb. On en voit quelques-unes dans la montre de la sixième croisée du cabinet.

(3) Ce diptyque est mentionné dans Gori, t. 2, p. 13.

(4) Gori, t. 2, p. 16; Ducange *De inferioris ævi numismatibus*, pl. 1.

(5) Gori, *Thes. dipt.*, t. 2, p. 19.

Dans le rond supérieur est le consul, à mi-corps, tenant de la main droite son sceptre surmonté du buste de l'empereur Justin, et de la gauche la *mappa circensis* ; dans le rond inférieur, une femme, probablement la ville de Constantinople, portant une enseigne ornée d'une couronne de laurier.

L'inscription latine suivante est partagée dans les deux ronds :

FL. THEODORVS FILOXENVS
SOTERICVS FILOXENVS VIR ILLVST.
COM. DOMEST. EX. MAGISTRO. M. PER. THRACIA.
ET CONSVL ORDINAR.

*Flavius Theodorus Philoxenus, Sotericus Philoxenus, vir illust*RIS, *com*ES *domest*ICUS, *ex magistro* MILITIÆ *per Thracia*s, *et consul ordinar*IUS.

Ce Flavius Theodore Philoxène, comte du palais, avait été maître de la milice dans la Thrace, avant d'être consul, en 525 de Jésus-Christ.

Une autre inscription grecque en huit lignes remplit les intervalles des médaillons :

ΤΟΥΤΙ ΤΟ ΔωΡΟΝ ΤΗ ϹΟΦΗ ΓΕΡΟΥϹΙΑ.
ΥΠΑΤΟϹ ΥΠΑΡΧωΝ ΠΡΟϹΦΕΡω ΦΙΛΟΞΗΝΟϹ.

Philoxène, créé consul, offre ce présent au sage sénat.

Le Cabinet des manuscrits possède de très-beaux diptyques, entre autres celui de Bourges, du consul Anastase, de l'an 517 (1).

DEUXIÈME TABLETTE : *Bronzes.*

Trois grandes figures de bronze d'un très-beau travail, savoir : 256. Silène ; — 257. Un faune barbu, dansant : il tenait probablement des crotales ; — 258. Océan, dieu qui prési-

(1) Ce monument est décrit dans le *Trésor de numismatique et de glyptique*, par M. Charles Lenormant ; *Recueil général de bas-reliefs et d'ornements*, pl. 17, p. 11.

dait aux eaux, reconnaissable aux pattes d'écrevisse qu'il porte sur la tête; provenant du cabinet de M. Moreau de Mautour, et publié dans Montfaucon, *Antiq. expliq.*, t. 2, pl. 190.

A droite, un vase de bronze trouvé en Grèce et cédé au cabinet par M. le chevalier Brondsted, chargé d'affaires du roi de Danemarck, et à qui on doit un ouvrage intitulé : *Voyages et recherches sur les antiquités de la Grèce* (deux volumes, Paris, 1826). On a cru que c'était une ciste mystique, mais la ciste était une corbeille qui servait dans les mystères de Cybèle, de Cérès et de Bacchus, et qui renfermait divers objets propres aux sacrifices. Ces vases de bronze n'ont jamais été trouvés qu'à Palestrine, l'ancienne Præneste, dans le Latium.

Les médailles *cistophores* sont celles qui représentent ces cistes mystiques; on les trouve dans l'Asie-Mineure, frappées à Sardes, à Tralles, à Éphèse, etc.

A gauche, un autre vase de bronze, dont l'anse, ornée de reliefs, est terminée par un masque bachique.

Plus loin, encore à gauche, un pied de siége, en bois, tourné et recouvert d'une feuille d'argent, provenant de M. Brondsted (1). A droite, un autre pied de siége en bronze, provenant de M. Durand.

Deux candélabres en bronze. Le premier à gauche, acquis à la vente de feu M. Durand, en 1836, est un candélabre étrusque (n° 1896 de son catalogue). Les trois pieds posent sur des griffes. La tige est supportée par une figure de Vénus, vêtue d'une tunique *talaire*, recouverte d'un *peplus* à franges. Une chaussure recourbée par le bout (*calceoli repandi*) couvre les pieds de la déesse, qui tient une pomme de la main droite ; ses longs cheveux nattés descendent sur son dos. Au-dessus de sa

---

(1) Les monuments provenant de M. Brondstedt sont indiqués par les initiales BR., et ceux qui viennent de M. de Caylus, par les lettres C s.

tête s'élève une tige à rotules, figurant un tronc de palmier, dont les feuilles et les dattes forment le couronnement.

A droite, est un autre candélabre plus simple, surmonté d'un vase pour mettre l'huile, acquis de M. le chevalier Brœndsted.

Deux autres candélabres beaucoup plus grands, très-anciennement dans le Cabinet, sont placés sur le médaillier devant le portrait de Louis XVIII. L'un des deux vient du cabinet de Caylus; il est mal figuré dans son recueil (1). Les trois griffes que l'on a attachées près du pied, devaient être placées en haut; elles servaient à suspendre les lampes.

Au fond, à gauche, une main de bronze, fragmentée, et à laquelle manquent les deux doigts du milieu; elle porte sur la paume l'inscription grecque suivante, en trois lignes :

ΣΥΜΒΟΛΟΝ

ΠΡΟΣ

ΟΥΕΛΛΑΥΝΙΟΥΣ.

C'est un symbole donné aux Vélauniens, ou peuples du Vélai, les *Velaunii* de Pline, dont Vence était la capitale. La main est un symbole de la foi donnée ou gardée, ou de quelque traité fait entre les peuples ou les princes. On voit souvent sur les médailles deux mains jointes avec le mot *concordia*. Cette main était dans le cabinet de M. Gravier (2).

A droite et à gauche, dans les coins, deux petits trépieds de bronze (3).

On remarquera suspendu à gauche un buste de Mercure, accompagné de ceux de Jupiter, de Junon et de Minerve, et de sept

---

(1) T. 5, pl. 74.

(2) Montfaucon, *Ant. expl.*, t. 6, p. 362, pl. 197. Caylus, t. 5, pl. 55, p. 155.

(3) Caylus, t. 5, pl. 63.

clochettes suspendues par des chaînes. C'était un objet votif déposé dans quelque laraire. Il a été acquis de M. Durand.

A gauche, une superbe tête de Méduse en bronze, que l'on croit avoir servi d'ornement au timon d'un char (1).

JEUX D'ÉCHECS.

On voit sur cette tablette plusieurs pièces d'anciens jeux d'échecs, en ivoire ; seize de ces pièces étaient autrefois dans le trésor de Saint-Denis. On a dit qu'elles provenaient d'un jeu d'échecs donné à Charlemagne par le kalife Aaroun—al-Raschild. Quinze de ces pièces sont moins anciennes. Au fond sont les deux rois et les deux reines. L'un des rois est dans un édifice crénelé, vêtu d'habits royaux, le sceptre en main, assis sur son trône ; deux valets tiennent les rideaux. L'autre roi est dans un édifice sans créneaux, terminé en *tribuna* ou pavillon. On ne reconnaissait pas encore les pièces de l'échiquier à la couleur, mais sans doute à la forme.

A côté de chacun des rois, est la reine ; l'une dans un édifice crénelé, l'autre dans un pavillon.

Sur le devant sont trois éléphants, trois chars à quatre chevaux, deux cavaliers et un fantassin ou *pion*, semblable à celui qu'on voit sur la *tribuna* de la reine, ce qui prouve que ces pièces appartenaient au même jeu.

Les armures des cavaliers et du *pion* sont absolument pareilles à celles des figures de la tapisserie de la reine Mathilde, conservée à Bayeux ; ce sont celles des chevaliers normands qui firent la conquête de l'Angleterre, sous Guillaume-le-Conquérant, au milieu du XIe siècle.

---

(1) Caylus, t. 1, p. 185, pl. 72.

Nous ne pouvons pas dire si les éléphants représentent la tour de notre jeu moderne, en opposition à ceux d'un autre où l'on voit un quadrige. Les pièces doivent avoir subi depuis leur origine beaucoup de modifications.

La pièce qui est isolée à gauche, et qui représente un éléphant portant sur son dos un personnage, provient aussi du trésor de Saint-Denis, et peut avoir donné lieu à la tradition de l'envoi d'un jeu d'échecs à Charlemagne, par le kalife Aaroun-al-Raschild. Cette pièce, qui est peut-être la tour, ou peut-être le roi porté sur un éléphant, est d'un travail oriental: les personnages sont dans le costume indien. L'inscription *koufique* (anciens caractères arabes) tracée sous la base, porte les mots MEN-HAMEL, JOUSSOUF-EL-BAHAÏLI, *fait par Joseph, de la tribu de Bahaïli:* les caractères sont tout-à-fait semblables à ceux employés du temps de Charlemagne.

La petite figure d'ivoire colorié, qui est devant celle que nous venons de décrire, est un pion d'un jeu d'échecs persan.

A droite, sont encore des pièces d'échecs, provenant d'autres jeux : la pièce du fond est un roi ; elle appartenait à M. de Caylus, qui en a donné la figure (1). Il s'était trompé sur l'explication de ce monument qu'il croyait un ouvrage du Bas-Empire, représentant un consul ou proconsul, ou même un empereur romain.

La pièce fragmentée, qui est sur le devant, est encore un roi assis sur son trône, et accompagné d'un écuyer qui porte son épée ; elle a tous les caractères des monuments d'art du XIIIe siècle : elle a été donnée au cabinet, en février 1837, par *M. Sauvageot,* amateur distingué, qui possède une riche collection.

L'analogie des mots *sacchia* et *échecs* par lesquels les Italiens et les Français désignent ce jeu, avec *Schahtrengi* (jeu du

---

(1) *Rec. d'antiquit.*, t. 6, p. 323, pl. 103.

shah et *jeu du shek*, jeu du roi), témoigne assez qu'il vient de l'Orient. Les auteurs persans conviennent qu'ils ont reçu ce jeu des Indiens vers 575, sous le règne de Nousbirvan, Chosroès-le-Grand. Dans la vie de l'empereur Comnène, écrite par sa fille, la princesse Anne, au milieu du XIe siècle, il est dit positivement que les Grecs avaient appris des Persans ce jeu qu'ils nommaient *zatrikion*, mot qui rappelle le *shahtrengi* oriental. Les Chinois ont deux sortes de jeux d'échecs : le *weike*, inventé, suivant eux, par Yaou, 2200 ans avant J.-C. ; l'autre, le *sean-ke*, par Woo-Wang, 1110 ans avant l'ère chrétienne. On a dit, sans preuves, que le jeu d'échecs avait été inventé par Palamède, au siége de Troie.

Au fond de cette tablette, des deux côtés du jeu d'échecs, deux stèles de marbre, portant chacune trois masques.

Celle à droite porte des masques scéniques.

DIVISION DU BAS.

Au fond, à gauche, des *Cnémides* ou jambières, armures de jambes des Grecs.

Au milieu, des fragments d'armures, un mors de cheval.

A droite, les fragments de bronze des ornements d'un char antique, le tout acquis en 1834 de M. le chevalier Brondsted, et trouvé à Perusia, dans l'Étrurie (la Toscane). Ces monuments sont indiqués par les lettres Br.

Dans l'encoignure, à droite, un vase égyptien en bronze, envoyé d'Égypte au P. Fleuriau par le P. Sicard, comme l'apprend une lettre du Caire, insérée dans les *Nouveaux Mémoires des missionnaires* (2). Ce monument avait passé dans les mains du duc de Sully, à qui probablement les jésuites en avaient fait présent : M. de Caylus en fit l'acquisition à son inventaire (3).

---

(1) Férussac, *Bulletin des sciences historiques*, t. 17, p. 398.
(2) T. 7, p. 23.
(3) Caylus, t. 6, p. 40, pl. 14.

Don Martin l'avait publié dans son *Explication de différents monuments singuliers* (1).

Sur la tablette, quelques vases de bronze et de verre antiques.

MONUMENT BABYLONIEN.

Au milieu de la tablette du bas, un monument babylonien, rapporté de Perse par M. Michaux, qui l'a trouvé à une journée au-dessous de Bagdad, dans les ruines d'un palais nommé les Jardins de Sémiramis, auprès du Tigre. Sa forme allongée, arrondie, et un peu aplatie, semblable à celle d'un œuf, paraît naturelle; c'est, ou un aérolithe, ou un marbre roulé dans les eaux du fleuve. On y a tracé des symboles de la religion des Mages, entre autres le serpent et les astres. Le caractère conique ou cunéiforme que l'on voit sur un autel, et qui forme la racine et l'unique élément de tout l'alphabet persépolitain, semble dérivé de la forme dont les rayons du soleil étaient représentés chez les Perses. Des monstres de diverses formes entourent et semblent garder les autels; ils présentent sans doute des allégories religieuses.

Le reste du monument est occupé par une longue inscription gravée dans des colonnes divisées en lignes transversales. L'écriture marche de gauche à droite. Les savants qui se sont occupés de ces caractères n'ont encore fait, pour les expliquer, aucune découverte satisfaisante (2). Des caractères semblables se trouvent sur un vase d'albâtre du Cabinet, gravé dans Caylus (3), et qui porte une double inscription en persépolitain et en caractères égyptiens, où on lit le nom de *Xerxès*. On les retrouve aussi sur l'empreinte en plâtre, placée dans la salle du

---

(1) P. 144, Paris, 1739-40.

(2) Ce monument a été publié par Millin, *Monuments inédits*, t. 1, p. 58, pl. 8 et 9.

(3) Caylus, t. 5, p. 79, pl. 30.

Zodiaque, d'un bas-relief, sculpté sur un rocher, aux environs de Beyrut, l'ancienne *Berytus*, près d'un monument des conquêtes de Sésostris, dans un défilé qui conduit à la Syrie.

MONTRES,

SUR LE GRAND MEUBLE, AU MILIEU DE LA SALLE.

PREMIÈRE MONTRE, SEMI-CIRCULAIRE,

Au bout du grand meuble, vis-à-vis de la porte d'entrée.

TOMBEAU DE CHILDÉRIC.

Au haut de la montre, quelques objets trouvés en 1653, à Tournai, dans un tombeau que l'on a supposé être celui de Childéric (1), père de Clovis, mort en 481.

A 1. — Une épée, dont il n'existait plus que la poignée ornée d'une feuille d'or, et cinq ornements en verre coloré, montés dans des filigranes d'or.

A 2. — A droite, la hache d'armes ou *francisque* en fer.

A 3. — Une boule de cristal.

A 4. — Une fibule ou agrafe d'or.

A 5. — Une boucle en or.

A 6. — Cinq petits ornements en verre coloré, montés en or.

A 7. — Deux abeilles de la même matière (2).

---

(1) La description et la gravure de ces objets ont été données par le P. Chifflet, *Mém. de l'acad. des inscript. et belles-lettres*, t. 2, p. 637; et dans les *Monuments de la monarchie française*, par Montfaucon, t. 1, p. 10, pl. 4 et 5.

(2) Il y en avait une assez grande quantité; le reste a disparu dans le vol du 5 septembre 1831, ainsi que d'autres objets trouvés dans ce tombeau.

A 8. — Deux monnaies d'or de l'empereur Léon, qui régnait en 460.

A 9. — Une dent.

On a publié, avec ces objets, un cachet en or, portant un buste de face, avec l'inscription CHILDIRICI REGIS.

Comme on n'a parlé de ce cachet que quelques jours après la découverte, on a supposé qu'il était apocryphe. (Il est gravé dans le *Trésor de numismatique, sceaux des rois, supplément.*)

Tous les objets que nous venons de décrire, et ceux qui ont disparu, furent découverts par des ouvriers qui travaillaient à la réparation de l'église de Saint-Brice, au-delà de l'Escaut, à sept ou huit pieds en terre, près d'un squelette. Il y avait auprès, cent médailles d'or d'empereurs du Bas-Empire, dont la plupart étaient contemporains de Childéric, et environ deux cents médailles d'argent des premiers empereurs.

Cette riche trouvaille fut donnée à l'archiduc Léopold-Guillaume d'Autriche, qui était alors gouverneur des Pays-Bas. Après sa mort, Jean-Philippe de Shonborn, électeur de Mayence, l'obtint de l'empereur, et en fit présent à Louis XIV en 1665 (1).

ÉMAUX.

B 1. — Une crosse d'évêque, de cuivre émaillé, représentant la Vierge et saint Jean.

B 2. — Bagues appelées anneaux du pêcheur, que le pape ou les évêques donnaient à baiser.

B 3. — Plaque émaillée, représentant le Christ sur la croix, entre la Vierge et saint Jean. Le fond est orné d'une vigne (la vigne du Seigneur); au bas de la croix, un calice.

Cet ouvrage paraît être du XIIIe siècle.

(1) *Mém. de l'acad. des inscrip.*, t. 2, p. 637.

B 4. — L'adoration des Mages, en émail, joli ouvrage de la renaissance.

B 5. — Le monogramme du Christ, richement émaillé et orné des instruments de la Passion ; de l'autre côté, la croix et les lettres sont taillées en cristal.

B 6. — Bijou d'émail très-élégant, dans lequel est enchâssée une émeraude soutenue par deux amours. En haut, une petite tête de face. Au-dessous, deux mains jointes, symbole d'union. Ce bijou a probablement été fait pour un mariage : c'est un ouvrage du XV siècle.

MONUMENTS CHRÉTIENS.

C 1. — Un triptyque ou agiothyride, peinture bysantine du XIe siècle, représentant au milieu le Christ assis sur un trône, entre la Vierge et saint Jean.

Sur le feuillet à droite, sainte Thècle et saint Étienne, martyrs, et sainte Catherine ; sur le feuillet à gauche, saint Nicolas, saint Jean-Chrysostôme et saint Basile ; sur le revers du premier feuillet sont, sainte Parascève, sainte Barbe et sainte Marine. Les noms sont écrits en grec au-dessus de chaque personnage (1).

C 2. — Une peinture russe, représentant saint Pierre.

A côté, une couverture d'argent, qui laissait voir la tête et les mains, pour préserver la peinture que l'on présentait sans doute à baiser à l'offertoire, sous le nom de paix, parce qu'alors le célébrant prononce la formule : PAX TECUM, *Que la paix soit avec vous.*

C 3, 4, 5, 6. — Ouvrages en ivoire et en bois sculptés, représentant des sujets de dévotion, et des scènes de l'Ancien et du Nouveau-Testament.

C 7. — Petite croix russe, en ivoire, portant plusieurs saints avec leurs noms : saint Nicolas, saint Basile, etc.

---

(1) Ducange, *Constantinopolis christiana*, lib. 4, p. 120, 136, 149.

C 8. — Plaque d'ivoire, représentant saint Démétrius.

C 9. — Cuillère d'Absalon, évêque de Roschild, en Dane-marck, au XIIᵉ siècle, acquise de M. Serène en 1808.

C 10. — Petit reliquaire en plomb, en forme de vase, trouvé près du château des seigneurs de Taillefer, à trois quarts de lieue d'Augoulême. Il porte, d'un côté, les armes de France, sous lesquelles sont un lis et un chardon, indiquant peut-être Louis XI et Marguerite d'Écosse ; de l'autre, le monogramme du Christ, celui de la Vierge et un rameau. Donné, en juin 1836, par M. Noël, d'Angoulême.

SCEAUX.

D 1. — Sceau d'or de Louis XII.

LUDOVICUS. DEI. GRATIA. FRANCORUM. NEAPOLIS. ET. HIERUSA-LEM. REX. DUX. MEDIOLANI. *Louis, par la grâce de Dieu, roi des Français, de Naples et de Jérusalem, duc de Milan.* — Le roi, assis sur son trône, revêtu des habits royaux, et tenant le sceptre et le globe du monde. Dans le champ, d'un côté, les fleurs de lis de France ; de l'autre, des fleurs de lis avec un lambel, armes de Naples, et la croix du royaume de Jérusalem.

Le contre-scel renferme deux écussons accolés, surmontés chacun d'une couronne royale. Celui de droite porte trois fleurs de lis de France, et est entouré du collier de Saint-Michel ; celui de gauche porte au premier et au troisième quartier, les armes de Naples, et au deuxième et au quatrième, celles de Jé-rusalem (1). On lit au bas : *los en croissant.* C'est la devise de l'ordre du Croissant, fondé par le roi Réné, en 1448 (2). Ce sceau d'or a trois pouces huit lignes de diamètre ; son poids est

(1) *Trésor de numismatique,* sceaux, p. 13, pl. 14.

(2) Millin, dans la description de ce sceau, *Mag. encycl.*, juillet 1808, s'était trompé en disant que le deuxième écusson était écartelé d'Orléans et d'Anjou. Il l'a réimprimé en 1814, avec un *avertissement*, et la même faute.

.de neuf onces cinq gros dix−huit grains, ce qui équivaut à près de quarante louis. Ce beau sceau appartenait au prince de Monaco ; après sa mort il a passé dans les mains d'un particulier, et le Cabinet des médailles en a fait l'acquisition en 1803.

·D 2.—Sceau d'or de Charles II, roi de Sicile, duc de Pouille, prince de Capoue, mort en 1309 (1). D'un côté, le roi sur son 'trône, et au contrescel, l'écu des armes de la maison d'Anjou-Sicile.·

· D 3. —Sceau d'argent de la reine Constance, femme du roi Louis VII dit le Jeune.

SIGILLVM REGINE. CONSTANCIE.

Constance de Castille, reine de France, debout, vêtue d'une longue robe, un manteau posé sur les épaules, la tête ceinte d'un diadème ; de chaque main elle tient une fleur de lis à cinq branches, dont les trois branches supérieures se terminent par des globules ou anneaux.

Ce sceau, qui est en forme dite de *vessie de poisson*, a été trouvé à Saint-Denis dans le tombeau de Constance, à l'époque de la révolution. Cette reine mourut en 1160 (2).

D 4.—Sceau d'argent d'Edmond, second fils de Henri III, roi d'Angleterre, roi de Sicile (par investiture du pape) en 1255.

D 5. — Sceau d'argent d'Alphonse, comte de Poitiers et de Toulouse, frère de saint Louis, mort en 1271 (3).

D 6.—Sceaux d'argent des états de Bretagne (4).

(1) Il est publié et gravé dans le *Trésor de numismatique et de glyptique*, par M. Ch. Lenormant, pl. 32, n° 9.

(2) *Trésor de numismatique*, sceaux des rois et reines de France, pl. 3, n° 3.

(3) *Trésor de numism. et de glypt.*, sceaux des grands feudataires, pl. 21, n° 2.

(4) *Trésor de numism. et de glypt.*, sceaux des rois, pl. 21 *bis*.

3

D 7.—Sceau de bronze de la commune de Dijon, établie en 1187.

SIGILLVM CONMVNIE DIVIONIS.

Le maire de Dijon à cheval, et autour, les têtes des vingt échevins (1).

D 8. — Sceau de cuivre du chapitre de Saint-Germain d'Auxerre, donné au Cabinet, en 1837, par M. Guenebault.

D 9. — Sceau en cuivre, de Bérenger de Boulbon, du XIIIe siècle.

Le chevalier armé de son épée et de l'écu; au revers, un château.

D 10. — Sceau ou bulle en plomb du pape Urbain V, en 1362 : S. PA. S. PE. Les têtes de saint Pierre et de saint Paul ; au revers, URBANUS PP. V. (Urbain V, pape).

D 11 et 12.—Sceaux en cire, de chevaliers.

POIDS.

E 1.— *Meia livra : de Tolosa.* Le château narbonnais de Toulouse.

Revers : *An* MCCXXXVIIII. Le beffroi de Toulouse.

Poids d'une demi-livre de Toulouse en 1239.

E 2. — *Carteron de Nymes*, 1577. Le crocodile enchaîné à un palmier, type des médailles antiques de Nismes.

Revers : *Faites le poys.* La tour Magne de Nismes.

SCULPTURES EN BOIS.

F 1. — Saint Antoine sculpté en bois par Lucas de Leyde, en 1524.

---

(1) *Trésor de numism. et de glypt.*, par M. Ch. Lenormant ; *Rec. des sceaux des communes*, pl. 14, n° 12.

F 2. — François Iᵉʳ, sculpté en bois.

F 3. — Personnage inconnu de la même époque.

MÉDAILLES.

G 1. — Une grande médaille d'or de Louis XIV, au revers de laquelle se trouve l'élévation de la façade du Louvre, telle qu'elle avait été projetée par le Bernin. On sait que le plan de Perrault fut préféré au sien.

On lit autour du monument :

MAIESTATI AC ÆTERNIT. GALL. IMPERII. SACRVM.

Consacré à la majesté et à l'éternité de l'empire français.

Au dessous :

IOAN. VARIN FECIT. MDCLXV.

Cette médaille est creuse et faite au repoussé, par Varin.

G 2. — Médaille d'argent de Louis XII et d'Anne de Bretagne.

FELICE LVDOVICO REGNANTE DVODECIMO CESARE ALTERO

GAVDET OMNIS NACIO.

Louis XII, autre César, régnant heureusement, toute la nation se réjouit.

Buste de Louis XII dans un champ fleurdelisé.

Au revers :

LVGDVNensis REPVBLICA GAVDENTE BIS ANNA REGNANTE

BENIGNE SIC FVI CONFLATA 1499.

La république lyonnaise se réjouissant, Anne régnant pour la seconde fois, j'ai été frappée ainsi, 1499.

Le buste d'Anne de Bretagne.

G 3. — Médaille d'argent de Henri VIII, roi d'Angleterre.

HENRICVS. VIII. DE. GRATIA. ANGLIA. REX.

Buste du roi, de face, d'un très-grand relief, portant à son cou un médaillon représentant saint Georges et le dragon.

Au revers :

ER. ROT. *Erasmus Rotterdamus.*

Le buste d'Erasme.

On lit autour en grec :

ΤΗΝ ΚΡΕΙΤΤΩ ΤΑ ΣΥΓΓΡΑΜΜΑΤΑ ΔΕΙΞΕΙ :

Et ensuite en latin :

IMAGO AD VIVA EFFIGIE EXPRESSA. 1519.
Portrait d'après nature.

G 4. — Médaille d'argent de Mahomet II.

MAGNUS PRINCEPS ET MAGNUS AMIRAS SULTANUS. D. N. S. MEHOMET.

Grand prince et grand amiral sultan, notre seigneur Mahomet.

Buste de Mahomet II.

Au revers :

Trois têtes d'aigles ; autour, une inscription gravée en creux, en lettres gothiques :

JEHAN TRIEAVDET. DE SELONGEY A FEYT FAIRE CESTE PIÈCE.

G 5. — Médaille de bronze de Mahomet II.

SULTANI. MOHAMETH. OCTHOMANI. UGULI BIZANTII
IMPERATORIS. 1481.

Du sultan Mohameth, fils d'Othman Oglou, empereur de Bysance.

Au revers :

IMAGO EQUESTRIS IN EXERCITUS MOHAMETH ASIE
ET ERETIE IMPERATORIS.

Image équestre, dans l'armée, de Mohamet, empereur d'Asie et de........ (peut-être EUROPÆ, d'*Europe*). *Exergue :* CONSTANTJO.

Nom du graveur *Costanzo.*

MONUMENTS DIVERS.

H 1. — Buste du Christ, petit bas-relief bysantin en basalte.

H 2. — Petite tête en basalte, travail de la renaissance.

H 3. — Bague en corail, travail de la renaissance.

H 4. — Bague d'argent, portant un cerf, très-joli travail.

MONTRE DE BIJOUX,

A l'autre extrémité du grand meuble, au milieu de la salle.

APOTHÉOSE D'AUGUSTE.

189. — Au milieu de cette montre, se trouve le grand camée connu sous le nom d'*Agate de la Sainte-Chapelle*. Il passait autrefois pour représenter le triomphe de Joseph.

Ce beau camée avait été placé à la Sainte-Chapelle du palais, par Charles V, ce qui l'a soustrait au pillage du trésor des rois, sous Charles VI. Il a été apporté en France, à ce qu'on croit, par Baudouin II, qui, pour recouvrer l'empire de Constantinople, vint, l'an 1244, demander du secours à saint Louis.

On voit par les comptes de la chefcerie que, le 30 mai 1484, on fit une procession à la Sainte-Chapelle pour le sacre du roi Charles VIII, et que l'on y porta le *grand camaïeu*.

L'artiste a figuré dans le plan supérieur, l'*apothéose d'Auguste*. Ce prince est porté dans le ciel par Pégase. Æ*née*, reconnaissable à son costume phrygien, présente à Auguste un globe, symbole de l'empire du monde, tandis qu'*Ascagne*, ou *Iule*, son fils, conduit Pégase par la bride, et mène Auguste vers *César*, dont la tête est ceinte d'une couronne radiée, surmontée d'un voile.

Plus loin, à gauche, est *Drusus* l'ancien, frère de Tibère et père de Germanicus; il porte un bouclier.

Dans la ligne du milieu, *Tibère* est assis sur son trône, ayant près de lui *Agrippine*, son épouse. Devant l'empereur, est *Ger-*

manicus, qui lui rend compte de son expédition en Germanie. On voit près de lui sa mère *Antonia*, son épouse *Agrippine* et leur fils *Caligula*. Derrière le trône, sont placés *Drusus*, fils de *Germanicus*, et son épouse *Livilla*. Au rang inférieur, on voit les captifs des nations vaincues par *Germanicus* (1). La monture gothique de cette pierre, faite en forme de reliquaire, a été détruite à l'époque où ce monument fut volé au Cabinet (2).

On y lisait :

Ce camaïeu bailla à la Sainte-Chapelle du palais, Charles, le cinquième de ce nom, roi de France, qui fut fils du roi Jehan, l'an 1379 (3).

Ce camée est le plus grand qui soit connu. Il y en a un autre dans le cabinet de Vienne, qui représente aussi l'apothéose d'Auguste, et qui est d'un tiers moins grand. Il avait été donné aux religieuses de l'abbaye de Poissy par Philippe-le-Bel, qui l'avait eu des chevaliers de Saint-Jean-de-Jérusalem, ceux-ci en avaient fait eux-mêmes l'acquisition en Palestine durant les guerres civiles ; il fut volé et porté en Allemagne par des marchands qui le vendirent à Rodolphe II, pour 12,000 ducats d'or (4).

On peut voir la gravure de cette belle pierre dans la *Descrip-*

---

(1) J'ai suivi l'explication de Visconti. M. Mongez, son continuateur, en propose une autre dans l'*Iconographie romaine*, t. 2, p. 157, pl. 26.

(2) Dans la nuit du 16 février 1804. Les détails de ce vol ont été donnés dans les journaux du temps. Ils sont consignés dans la notice de M. de Saint-Vincents, sur la correspondance de Peyresc (Paris, 1819, p. 109), extraite des *Annales encyclopédiques*.

(3) Voyez l'*Histoire de la Sainte-Chapelle*, par Morand ; Montfaucon, *Antiq. expliq.*, t. 5, p. 158, pl. 127.

Une autre monture en bronze ciselé avait été exécutée en 1807, par MM. Delafontaine père et fils ; on l'a vue long-temps au Cabinet des médailles.

(4) *Vie de Peyresc*, par Gassendi, liv. 3, *ad ann.* 1620.

tion du cabinet de *Vienne*, par Eckhel (1), et dans le *Trésor de numismatique et de glyptique*, par M. Charles Lenormant, conservateur de la Bibliothèque royale.

A 2. — Sous le grand camée, sont des objets en or, trouvés dans un tombeau, à Kertsch (l'ancienne Panticapée) en Crimée, et décrits par M. Raoul-Rochette dans le *Journal des savants*, janvier 1832.

A 3. — Au haut de la montre, à gauche, les fragments de deux bracelets en or, trouvés à Herculanum, sur le squelette d'une femme.

A 4. — Figurines d'or représentant un petit Amour; Ganymède enlevé par l'aigle (2).

A 5. — Harpocrate, acquis à la vente de M. Pellerin, en 1783.

A 6. — A droite, les objets trouvés à Naix, l'ancienne ville de *Nasium* (3), canton de Commercy, en 1809. Ce sont des colliers, des chaînes, des bagues, et autres parures de femmes.

A 7. — Au-dessous, une boucle et une plaque d'or tenant ensemble, paraissant avoir appartenu à un baudrier, orné de fleurons et d'une tête en relief; au revers, VICTORINUS M en relief: c'est sans doute le nom de l'orfèvre. Ce bijou d'or a été trouvé à Sainte-Croix-aux-Mines, département du Haut-Rhin. Il a été acquis pour le Cabinet, au mois d'octobre 1820.

A 8. — Auprès, trois médaillons d'or de l'empereur Postume, dans un encadrement ciselé et découpé à jour. Ils ont été trouvés avec la patère d'or de Rennes. (*Voyez* p. 46.)

A 9. — La plus grande partie des autres bijoux d'or que con-

(1) In-fol., Vienne, 1788.

(2) Ces monuments, trouvés dans les ruines d'Herculanum, sont gravés dans le *Recueil d'antiquités* de Caylus, t. 2, pl. 47, nos 2 et 3.

(3) *Cellarius, notit. orbis antiq.*, t. 1, p. 292. La similitude des noms a fait penser que celui de Nancy pouvait dériver de *Nasium*.

tient cette montre, a été acquise à la vente de feu M. Durand, amateur d'antiquités, au mois de juin 1836 (1).

A 10. — Autres bijoux d'or, acquis de M. Rollin, en 1834; ce sont les colliers formés de bulles que l'on voit à gauche, deux épingles et huit bagues.

MONTRES DE MÉDAILLES,

Sur le grand meuble du milieu.

GÉNÉRALITÉS SUR LES MÉDAILLES.

La connaissance des médailles, jadis abandonnée aux érudits et à quelques amateurs, est aujourd'hui considérée comme une des parties d'une éducation complète. Elle est connue sous le nom de *numismatique*, et, depuis un demi-siècle, elle a pris son rang parmi les sciences qui contribuent à agrandir et à éclairer le domaine de l'histoire.

Les *médailles antiques* sont les monnaies des anciens, que nous appelons ainsi parce qu'elles n'ont plus cours dans le commerce, et qu'elles ne sont plus pour nous qu'un objet de curiosité. Les *médailles modernes*, au contraire, sont des pièces qui n'ont jamais été destinées à représenter une valeur, et qui sont frappées pour conserver la mémoire d'un événement ou le portrait d'un personnage célèbre.

Les premières monnaies ont été frappées, selon les marbres de Paros (2), par un roi d'Argos nommé Phidon, qui les fit fabriquer dans l'île d'Egine, près de neuf cents ans avant notre

---

(1) Ces monuments sont indiqués dans la *Description des antiquités et objets d'art du cabinet de* feu M. Durand, par J. de Witte, membre de l'institut archéologique de Rome; 1 vol. in-8°, Paris, 1836.

(2) Ces marbres, ainsi nommés parce qu'ils ont été trouvés dans l'île de Paros, ont été transportés en Angleterre par lord Arundel. On les nomme aussi quelquefois marbres d'Arundel et marbres d'Oxford.

ère. Dans les temps plus anciens, on commerçait par échanges, et on pesait les métaux, à qui, plus tard, une forme et une empreinte assignèrent une valeur fixe qui facilita les transactions. Les pièces frappées dans l'origine de l'art monétaire furent simples et grossières : elles n'eurent d'empreinte ou de type que d'un seul côté; peu à peu, le revers reçut quelques figures. D'abord les inscriptions ou légendes furent très-courtes, elles se bornaient à des lettres initiales; bientôt les noms des villes y furent mis en entier; on y joignit ensuite ceux des magistrats, ceux des rois, des titres, des surnoms, des alliances, etc.

La numismatique se partage comme l'histoire. La numismatique ancienne finit avec l'empire d'Orient, en 1453. La numismatique du moyen-âge commence avec Charlemagne, quoiqu'on laisse dans la numismatique ancienne la série complète de l'empire romain d'Orient et d'Occident. La numismatique moderne commence au XVe siècle.

L'ordre établi maintenant dans les cabinets de médailles pour celles des peuples, villes et rois, est celui qu'a adopté le savant Eckhel, dans son ouvrage intitulé *Doctrina nummorum veterum*. Cet ordre est celui de la *Géographie* de Strabon.

Cette marche géographique fait parcourir les différentes contrées du monde ancien, en partant du couchant et des colonnes d'Hercule, aujourd'hui détroit de Gibraltar, et en suivant le rivage septentrional de la Méditerranée jusqu'au fond de la mer Noire : de là on descend vers le midi, et des côtes de la Syrie et de l'Égypte, on regagne, par une marche rétrograde, la Mauritanie et la mer Atlantique; on visite les contrées qui ne sont pas maritimes, à mesure qu'elles répondent, par la direction de leurs parallèles ou de leurs méridiens, à celles qu'on a visitées en longeant les côtes. Après les grandes séries des régions et des provinces, les villes sont classées dans chacune d'elles par ordre alphabétique, et dans chaque ville on admet la division par métaux, or, argent et bronze; mais, dans chacune de ces divisions, on place les médailles selon l'antiquité présumée dont l'enfance et la

gradation de l'art donnent les caractères, en commençant par
les carrés creux, les inscriptions les plus courtes, qui donnent,
par des initiales, le nom des villes, les types les plus simples, et
progressivement les noms entiers et les types qui se com-
pliquent.

Toutes ces médailles sont les autonomes, où l'on voit bientôt
les noms des villes accompagnés de ceux des magistrats. Ces
derniers noms sont classés à leur tour, par ordre alphabétique,
dans chacune des subdivisions formées par la différence des types.
Ces subdivisions sont établies ainsi : les dieux du ciel, ceux de la
terre, des eaux, du feu et des enfers. Les divinités allégoriques
viennent ensuite, et précèdent l'histoire héroïque, qui est sui-
vie des types historiques, des symboles vivants rangés d'après
les règnes de la nature, et, enfin, des symboles inanimés et des
revers qui ne portent que de simples inscriptions. Après les médailles autonomes, frappées tant que les peuples ont joui de leur
liberté, on place dans chaque ville les médailles municipales,
coloniales et impériales. La domination romaine s'étant successivement étendue sur tout le monde connu, on en trouve les
traces dans les effigies des empereurs, qui ne permirent plus à
aucun peuple de frapper monnaie sans y mettre la tête du souverain, et ces monnaies sont classées dans l'ordre chronologique,
en reprenant, dans la série de chaque empereur, la classification
que nous avons indiquée plus haut.

Les médailles romaines forment les divisions suivantes.

Les as, premières monnaies de Rome et des villes italiques;

Les médailles *consulaires* frappées sous la république romaine;

Les médailles des empereurs, divisées par métaux, l'or, l'argent et le bronze, et arrangées selon le système chronologique (1).

---

(1) *Voyez*, pour plus de détails sur la classification des médailles, les
Éléments de numismatique de la *Bibliothèque populaire*, un petit volume
in-18, à Paris, place Saint-André-des-Arts, n° 30; prix, 35 centimes. Ce
petit ouvrage met la numismatique à la portée de tout le monde.

La collection du cabinet de France, d'environ *cent cinquante mille* pièces en or, en argent et en bronze, est la plus complète qui existe en Europe. Elle est consultée journellement par les savants qui s'occupent de recherches sur l'histoire, la chronologie et les arts des anciens ; par les gens de lettres qui désirent des portraits des hommes célèbres, pour en orner les éditions de leurs ouvrages ; par les artistes qui ont besoin d'étudier les costumes des différents peuples anciens, et le style de l'art dans diverses contrées et à différentes époques.

Les médailles placées dans dix-huit montres sur le grand meuble du milieu de la salle, donneront une idée de la classification du cabinet. Elles sont extraites de la riche suite de pièces renfermées dans les médaillers.

Les quatre premières montres renferment une suite de types monétaires des villes grecques les plus célèbres, rangées selon le système géographique que nous venons de faire connaître.

La cinquième montre présente une série des rois grecs, depuis Alexandre-le-Grand, le premier qui osa mettre son portrait sur la monnaie, laquelle jusqu'alors avait été sacrée et réservée aux dieux et aux objets du culte.

Cette suite contient des rois de la Macédoine, de la Syrie, de la Bithynie, de l'Egypte, etc.

La sixième montre contient les médaillons des empereurs romains, frappés dans les villes de la Grèce soumises à leur domination.

La septième montre contient les as romains et italiques en bronze.

L'as était, chez les Romains, un poids et une monnaie ; il était la même chose que la livre romaine, et se divisait en douze onces. L'as, monnaie réelle, valut, depuis la fondation de Rome jusqu'à l'an 537 (217 avant Jésus-Christ), vingt sous ou une livre de France ; après des diminutions successives, il ne valut plus, depuis le règne de Néron jusqu'à celui de Constantin, qu'environ un sou de France : sa forme et son poids diminuèrent en conséquence ; il finit par ne plus peser qu'une demi-once. Les différentes divisions de l'as furent réduites dans les mêmes proportions.

Les deux pièces carrées sont des *quadrussis,* ou pièces valant *quatre as.* Celle du milieu, qui est ronde, et qui représente une tête coiffée du bonnet phrygien, avec cette marque : II|, est un *dupondius,* ou pièce valant deux as.

La huitième montre contient les deniers des familles consulaires romaines.

Le denier d'argent, *denarius,* se nommait ainsi parce qu'il valait dix as ou dix livres d'airain. On voit quelquefois sur ces deniers les portraits des grands hommes de l'ancienne Rome, placés comme un souvenir honorable de famille par les magistrats qui présidaient à la monnaie.

Cette série contient aussi des types très-curieux pour la mythologie et l'histoire de Rome. On peut consulter sur les médailles consulaires l'ouvrage de Vaillant et celui où ces médailles sont dessinées par Morell, avec les commentaires d'Havercamp.

La neuvième montre commence la série *iconographique* des empereurs romains, rangée par ordre chronologique, renfermée dans quatre montres.

La treizième montre contient les monnaies françaises.

Les mérovingiennes, frappées sous les rois de la première race, vers 500 ; celles des rois carlovingiens, en 752 ; et celles des rois capétiens, depuis Louis VI, en 1108, jusqu'à Louis XVI.

Enfin, les monnaies des églises, abbayes et baronnies françaises.

La quatorzième montre contient des échantillons de monnaies étrangères, et particulièrement des monnaies orientales très-curieuses.

MÉDAILLES MODERNES.

Quinzième montre. Médailles fondues et ciselées au XVᵉ siècle en Italie, parmi lesquelles on remarque celles de Pisanello,

Sperandiò, J. Boldú, etc. C'est l'époque de la renaissance de l'art. Le dernier ouvrage à consulter sur ce sujet est le *Trésor de numismatique*, où toutes ces médailles sont admirablement rendues par le procédé de M. Collas.

Les monnaies des anciens, et surtout celles des Romains, avaient un caractère historique que n'ont point les monnaies modernes; elles faisaient allusion aux événements publics et particuliers, ce qui leur donne un intérêt que les nôtres ne peuvent avoir, et auquel nous suppléons par nos médailles.

Ce fut vers le milieu du XVe siècle que quelques artistes italiens composèrent et frappèrent ou coulèrent des pièces différentes de la monnaie par leur module, leur type et leur destination, et qu'il fut convenu de les désigner sous le nom de *médailles*. Ceux qui les fabriquèrent furent encouragés par les princes et les seigneurs dont ils firent les portraits.

On frappa ensuite, pour les papes, des médailles dont on fit une collection; puis, parut l'histoire métallique des Pays-Bas, l'histoire de Louis XIV par médailles, celle de Louis XV, et enfin celle de Napoléon.

On verra, dans la seconde partie de cet ouvrage, que Henri IV avait eu l'intention de faire ainsi l'histoire de son règne.

L'Angleterre, l'Allemagne et la Russie ont suivi cet exemple, qui est maintenant devenu d'un usage général.

Seizième montre. Les médailles du XVIe siècle, parmi lesquelles on remarque celles des papes et des médailles allemandes.

Dix-septième montre. Les médailles des graveurs français du XVIIe siècle.

Dix-huitième montre. Des médailles françaises de la révolution et de l'empire. Ces deux dernières séries ont fourni plusieurs ouvrages, savoir: *les Médailles de la révolution*, par M. Hennin; celles *de l'empire*, par M. Millingen. Ces deux séries sont publiées avec des additions considérables dans le *Trésor de numismatique et de glyptique*.

GRANDE MONTRE VITRÉE,

SUR LE MEUBLE, AU MILIEU DE LA SALLE.

Cette montre contient une riche exposition des monuments les plus intéressants en or, en argent et en bronze, que possède le Cabinet des médailles. Les colonnes forment seize divisions ; nous commencerons par celle qui se trouve la première, en venant de la porte d'entrée.

De charmantes figurines de bronze garnissent cette montre : cette collection peut donner une idée de l'art de la statuaire chez les anciens. Quoique ces monuments soient d'une petite dimension, ils n'en sont pas moins l'expression de la pensée qui préside à la sculpture ; et la finesse de l'exécution ajoute à l'intérêt que présentent la plupart des sujets. Le premier fonds de ces bronzes provient de l'acquisition que l'on fit, en 1719, du cabinet de M. Foucault, intendant de la généralité de Caen ; beaucoup de ces monuments sont gravés dans l'*Antiquité expliquée de* Montfaucon. Cette suite fut considérablement enrichie par le don que M. de Caylus fit, à sa mort, en 1766, de toutes les antiquités qui composaient son cabinet, et dont il a donné la description, que nous citerons souvent, en sept volumes in-4°, intitulés *Recueil d'antiquités.* (Paris 1752-1767).

Nous décrirons ces bronzes par divisions, en commençant par la tablette inférieure, et comptant les monuments de gauche à droite.

PREMIÈRE DIVISION.

Tablette inférieure.

A 1. —Au milieu, est une superbe patère d'or, trouvée à Rennes en Bretagne, le 26 mars 1774, par des maçons qui travaillaient à la démolition d'une maison du chapitre. Elle était à six pieds de profondeur, auprès de quelques ossements, avec des médailles et une chaîne d'or. Cette belle coupe a neuf pouces cinq lignes de diamètre ; celui du sujet ciselé en bosse dans le fond est de cinq pouces six lignes ; elle pèse cinq marcs trois onces ; le titre de l'or est à vingt-trois karats. Le sujet qu'elle représente est un défi entre Hercule et Bacchus, à qui boira davantage. On voit autour, le triomphe du dieu du vin sur le héros.

Les bords de la coupe sont ornés de seize médailles d'or d'empereurs et d'impératrices, depuis Hadrien jusqu'à Géta.

On a trouvé, avec ce vase, une fibule ou agrafe du même métal (*Voy.* ci-dessus, p. 29, A 4. où elle a été portée par erreur). Quatre médailles de l'empereur Postume, avec un entourage élégant et une bélière, et une chaîne d'or qui indique qu'elles étaient destinées à être portées au cou. (*Voyez* ci-dessus, p. 39).

On a encore trouvé, avec cette patère, quatre-vingt-treize médailles d'or, commençant à Néron et finissant au règne d'Aurélien, ce qui peut faire supposer que ce trésor a été enfoui peu de temps après le règne de ce dernier prince, pendant les troubles civils.

Les monuments d'or sont extrêmement rares, parce qu'ils ont presque toujours excité la cupidité, qui les a détruits. Qui croirait qu'à l'époque de la découverte de ces monuments, les officiers de la monnaie les ont revendiqués pour les envoyer à la monnaie de Nantes, et les convertir en espèces !

Comme ils avaient été trouvés dans un terrain appartenant au chapitre de Rennes, les chanoines les remirent heureusement au duc de Penthièvre, gouverneur de la province, en le priant de les présenter au roi, qui les fit placer, le 7 avril 1774, dans le Cabinet des médailles.

Millin a donné, dans ses *Monuments inédits* (1), une dissertation très-détaillée sur cette patère d'or et sur les objets qui l'accompagnaient.

---

(1) T. 1, p. 225, pl. 24 à 27.

I I. — Une gondole de jade donnée au trésor de Saint-Denis en 1144 par Suger, qui la racheta soixante marcs d'argent de ceux à qui le roi Louis VI l'avait engagée pour les besoins de l'état, dix ans auparavant (1). La monture a été détruite à l'époque du vol qui eut lieu en 1804. (*Voy*. p. 38, note 2).

BRONZES.

1. Hébé tenant le vase appelé *œnochoé* ; elle est vêtue d'une longue tunique, et d'un manteau court, par dessus. La main droite manque. Cette figure, destinée à être appli quée en bas-relief, est d'ancien style grec (2).

2. Satyre tenant un vase en forme de tête de bélier, et un fruit (3).

3. Jupiter, trouvé à Châlons en 1763 (4).

4. Satyre barbu, à genoux, vêtu de la *nébride*, trouvé à Velleia (5) et donné à M. de Caylus par l'infant don Philippe, duc de Parme (6). Cette figure est d'un très-beau caractère ; elle servait probablement de support à la tige d'un candélabre.

5. Jupiter.

6. Satyre dansant, appuyé sur la férule. Ancien style.

7. Hébé, coiffée du modius, tenant d'une main une corbeille de fruits ; de l'autre l'*œnochoé*. Figure destinée à être appliquée en bas-relief. Ancien style.

---

(1) D. Félibien, *Histoire de Saint-Denis*, p. 542, pl. 4.

(2) Caylus, t. 4, pl. 68.

(3) *Idem*, t. 1, pl. 64.

(4) *Idem*, t. 7, pl. 79.

(5) On a retrouvé les ruines de cette ville ancienne, située à quatre lieues de Parme, vers le milieu du XVIIIe siècle. Les fouilles que l'on y a faites ont produit beaucoup de monuments dont le cabinet possède les dessins.

(6) Caylus, t. 7, p. 205, pl. 54.

PREMIÈRE DIVISION.

Tablette supérieure.

I 2. — Un calice provenant de l'église Saint-Remi, à Reims, ce qu'indique l'inscription suivante gravée sur le pied :

QUICUMQUE HUNC CALICEM INVADIAVERIT, VEL AB HAC EC-
CLESIA REMENSI, ALIQUO MODO ALIENAVERIT, ANATHEMA SIT.
FIAT. AMEN.

Quiconque enlèvera ou aliènera, de quelque manière que ce soit, de l'église de Reims, ce calice, soit anathème. Je le veux. Ainsi soit-il.

Les lettres de cette inscription sont celles du temps de saint Louis, elles sont peut-être même un peu plus anciennes. Le travail est oriental, et le dessin rappelle l'architecture de plusieurs monuments byzantins, entre autres celle de Sainte-Sophie de Constantinople, dont il imite les pleins-cintres. Les arceaux et les bandeaux sont remplis de filigranes délicats, de perles, et de pierres fines dont trois sont gravées, et paraissent antiques.

Les petites colonnes qui supportent les cintres sont ornées, ainsi que les pendentifs, de charmants émaux en mosaïques.

Ce chef-d'œuvre de l'art byzantin a sans doute été apporté de l'Orient en France, au temps des croisades (1).

BRONZES.

8. Hercule *bibax*, buveur, tenant un vase.
9. Hercule ivre et à demi renversé.
10. Tête de femme, coiffée du bonnet phrygien. Poids de romaine.
11. Nymphe marine portée sur la queue d'un triton.
12. Tête de Méduse, acquise de M. Trinchot en 1837.

(1) Il a été apporté de la Monnaie au Cabinet des medailles, le 29 frimaire an V (1796), comme provenant du district de Franciade. (*Saint-Denis.*)

13. Génie tenant une tablette, assis sur une double corne d'abondance (1).
14. Buste de bacchante.
15. Hercule ivre, portant la massue (*Urinator*) (2).
16. Hercule buveur; il marche en chancelant, et tient la coupe rustique (3).

DEUXIÈME DIVISION.

Tablette inférieure.

214. Au milieu, un buste de Valentinien III, qui passait pour un saint Louis, et qui ornait le bâton du grand chantre de la Sainte-Chapelle (4).

A 3. — A gauche, un bracelet d'or, trouvé au Landin, près Pont-l'Évêque, et cédé au Cabinet en 1822. Le travail rappelle l'époque de Postume. Voyez ses médaillons dans la montre des bijoux.

I 3. — A droite, une jolie coupe de jaspe vert avec une petite figure en or représentant Narcisse, et un pied émaillé.

10 a, 10 b, — Deux têtes de Jupiter Sérapis en agate.

BRONZES.

17. Mercure portant la bourse.
18. L'Espérance, relevant le bord de sa tunique. Elle a un fleuron sur la tête. Style ancien.
19. Sanglier à trois cornes, trouvé en Bourgogne avec un taureau aussi à trois cornes (5).
20. Junon diadémée et voilée. F. (6).

---

(1) Caylus, t. 4, pl. 61, 3.
(2) De Clarac, *Musée de sculpture*, pl. 801, n° 2011.
(3) *Idem, Idem*, pl. 801, n° 2012.
(4) *Voyez l'Histoire de la Sainte-Chapelle*, par Morand; in-4°, 1790.
(5) Caylus, t. 5, pl. 108, 4.
(6) Nous indiquerons par une F. les bronzes provenant du cabinet de M. Foucault. (*Voyez* p. 46.)

21. Hercule imberbe, portant les pommes du jardin des Hespérides.

DEUXIÈME DIVISION.

Tablette supérieure.

XXIV. Au milieu, une patère d'argent dont le disque ou *embléma*, travaillé au repoussé représente, une femme endormie, portant le *ceste* ou ceinture, la partie inférieure du corps enveloppée d'une draperie, couchée sur une peau de lion, la tête et les bras appuyés sur la massue d'Hercule. Dans le champ, un *scyphus* ou coupe renversée, un arc et un carquois. Trois Amours ailés dorment avec la femme (1). (Diam. 3 p. ıı lig.) Le même sujet se retrouve sur une lampe gravée dans Montfaucon, t. 2, pl. 234. On a fixé cet *embléma* au fond d'une grande patère ornée de godrons, en partie dorée. Sur le rebord extérieur on lit au pointillé :

MERCVRIO AVGVSTO. Q. DOMITIVS. TVTVS. EX. VOTO.

(Diam. 10 p. 3 l.)

Cette patère, ainsi qu'une grande quantité de monuments d'argent qu'on voit dans cette montre, fait partie d'une découverte faite dans la commune de Berthouville, près Bernay, département de l'Eure, le 2ı mars 1830, dans un champ appartenant au sieur Prosper Taurin, cultivateur, et situé au hameau de Villeret. Sous une tuile, à un demi-pied de la surface du sol, il trouva plus de soixante-dix objets en argent, des vases, des patères, tous ornés de sculptures et de reliefs des beaux temps de l'art, et fabriqués probablement depuis le règne des premiers Césars jusqu'au temps des Antonins; ces objets devaient faire partie du trésor d'un temple de Mercure, situé à *Canetum*, lieu dont l'existence est révélée par cette découverte, et d'où

---

(1) Le Prévost, *Mémoire sur les monuments trouvés à Berthouville,* pl. 3.

vient le surnom donné à Mercure, sur plusieurs de ces monuments (1).

BRONZES.

22. Buste de Minerve casquée, *embléma* ou ornement du milieu d'un bouclier de bronze, ou fragment d'un haut-relief appliqué (2).

23. Ganymède. F.

24. Buste du Soleil radié (3).

25. Vase, représentant les travaux d'Hercule. (Caylus, t. 1, pl. 88.)

26. Buste de Minerve, les jugulaires relevées (4).

27. Jupiter. Style ancien.

28. Thésée ou autre héros jeune, assis sur un rocher (5).

TROISIÈME DIVISION.

Tablette inférieure.

IV. Au milieu, un vase en forme de *prefericulum* trouvé à Berthouville, représentant le rachat du corps d'Hector par Priam, et les honneurs funèbres rendus au héros troyen (6). Sur le col du vase, Diomède et Ulysse enlevant le Palladium. La description de ce beau vase et sa représentation, se trouvent dans les *Monuments inédits*, par M. Raoul-Rochette (7). Le savant antiquaire pense qu'il a été exécuté d'après quelque modèle grec,

---

(1) On trouvera tous les détails curieux et scientifiques relatifs à cette belle découverte, dans une *Notice* de M. Charles Lenormant, publiée à Rome, dans le *Bulletin de correspondance archéologique*, n° 5, mai 1830, p. 97; dans une *Notice* de M. Raoul-Rochette, imprimée dans le *Journal des Savants*, juillet et août 1830; et dans l'ouvrage de M. le Prévost, intitulé : *Mémoire sur la collection de vases antiques*, etc., Caen, 1832.

(2) Caylus, t. 1, pl. 45, 1.

(3) *Idem*, t. 1, pl. 68.

(4) *Idem*, t. 6, pl. 29.

(5) Selon M. de Clarac, NARCISSE ; *Musée*, pl. 590, n° 1282.

(6) Le Prévost, p. 41, pl. 4 et 5.

(7) *Odysséide*, p. 272 à 280, pl. 52.

vers le règne de Néron, se fondant sur l'inscription votive qui s'y lit, tracée à la pointe :

MERCVRIO AVGVSTO Q. DOMITIVS TVTVS.

BRONZES.

29. Isis—Fortune, tenant un gouvernail et une patère.
30. Faune assis sur une peau de panthère, fragmenté.
31. Vénus *Anadyomène*.
32. Silène couché, tenant dans la main le vase appelé *phiale* (1).
33. Jupiter assis sur son trône (2).
34. Hercule buveur, couché sur la peau de lion, tenant un *Depas*, ou vase rustique à boire (3).
35. Vénus Anadyomène (4).
36. Esclave *discobole*, lançant un disque.
37. Héros grec imberbe, nu et casqué.

TROISIÈME DIVISION.

Tablette supérieure.

VI. Au milieu, un canthare d'argent représentant des sujets bachiques. —VIII, IX. Deux autres vases à anses, avec des sujets semblables et des masques scéniques (5).

BRONZES.

38. *Camille*, ou jeune sacrificateur. Sa chlamyde est roulée en écharpe sur sa tunique.
39. Génie portant des fruits.
40. Guerrier grotesque, frappant avec sa lance ; peut-être un Pygmée.

---

(1) Caylus, t. 4, pl. 32, 3 et 4.
(2) *Idem*, t. 7, pl. 82, 1.
(3) *Idem*, t. 7, pl. 53, 6.
(4) Caylus, t. 7, pl. 45.
(5) Le Prévost, t. 7, pl. 12 et 13.

41. Bossu accroupi, peut-être Ésope. Les bras et les jambes manquent.
42. Un enfant assis.
43. Tête de nègre.
44. Un petit génie assis.
45. Petit génie tenant une mouche. (Acquis à la vente de M. Durand; n° 1925.)
46. Amour, ou *sphériste* jouant à la balle.
47. Amour les bras élevés, dans l'attitude de la douleur.
48. Vulcain vêtu d'une tunique courte, coiffé du *pileus*.

QUATRIÈME DIVISION.

I. Au milieu, Mercure-Auguste, nu, tenant le caducée. Le pétase qu'il avait sur la tête manque (1). Cette statue d'argent a été exécutée par le procédé du *repoussé*. (Hauteur : 1 pied 9 pouces; poids : 5 livres 7 onces 6 gros). Elle provient, ainsi que tous les objets en argent qui l'entourent, de la découverte de Berthouville (2).

XXVIII. A gauche, patère d'argent, sans anses, dont le bord est orné de rinceaux et d'une rangée de cygnes, d'ibis, de vases et de guirlandes.

L'*embléma* ou pièce de fond, exécutée au *repoussé*, représente Mercure assis sur un rocher, tenant la bourse, appuyé sur le caducée. A ses pieds et dans le champ, une chèvre, une tortue, un coq et un autel allumé.

Dans le champ, inscription au pointillé : L. LUPULA. M. C. DO. *Don de Lubia Lupula à Mercure Canetus* (3). (Diamètre de la patère : 7 pouces 2 lignes; de l'embléma, 3 p. 7 lig.)

---

(1) M. Raoul-Rochette trouve de la ressemblance entre la tête de cette statue et celle de quelques membres de la famille de Tibère, et surtout de son neveu Germanicus; il en conclut que ce pourrait être, conformément à un usage bien connu, le portrait de ce prince.

(2) Le Prévost, pl. 1. — (3) *Idem*, pl. 2.

XXIX. A droite, patère d'argent massif, sans ornements sur les bords, avec un *embléma* sur lequel on voit Mercure debout, la clamyde sur l'épaule, la tête nue, tenant la bourse et le caducée, placé entre deux cippes, l'un ombragé par un arbre et portant un coq, l'autre surmonté d'une tortue, et au pied duquel est une chèvre. Cet *embléma* est bordé d'un cercle d'argent sur lequel on lit, incrusté en or, DEO. MERCURIO. IULIA. SIBYLLA. DICAVIT. DEDIT. *Dédié et donné au Dieu Mercure par Julia Sibylla* (1). (Diamètre de la patère : 7 p. 4 l.; de l'*embléma* : 3 p. 5 l.)

XXIV. Un petit *simpulum* dont le manche est orné des figures de Mercure et d'un bouc.

LX. Sur le devant, la figure, en argent, d'un poète assis et tenant le *volumen* ou rouleau, trouvée à Bordeaux en 1812, et acquise pour le cabinet en 1837.

LXI. A gauche, un prêtre romain, aussi en argent.

III. Un petit buste d'hermaphrodite drapé, avec les ailerons à la tête, la coiffure et le sein d'une femme. Argent massif, les ailerons dorés. (Hauteur : 1 p. 4 l.)

LXII. A droite, Jupiter, jolie figurine d'argent. F.

BRONZES.

49. Un petit rat mangeant un fruit. F.

50. Deux génies de la lutte combattant ; l'un enlève l'autre de terre.

51. Enfant sautant à la corde.

52. Une cigale trouvée à Athènes, et donnée par M. Dubois.

CINQUIÈME DIVISION.

Tablette inférieure.

V. Au milieu, *prefericulum* représentant, d'un côté, le corps d'Hector traîné par Achille derrière son char, et de l'autre côté,

---

(1) Le Prévost, p. 28, pl. 3.
(2) *Idem*, pl. 6 et 7.

la mort d'Achille ; sur le col du vase, Ulysse et Diomède (1).
Plusieurs autres vases d'argent.

BRONZES.

53. Empereur romain casqué, revêtu du paludament, probablement Commode.
54. Danseur grotesque, se prenant le talon (2).
55. Satyre portant une amphore. F.
56. Buste d'un génie bachique tenant deux cornes d'abondance (3).
57. Génie sur un dauphin.
58. *Cubiste*, ou sauteur, marchant sur les mains (4).
59. Minerve, trouvée à Châlons (5).

CINQUIÈME DIVISION.

Tablette supérieure.

VII, X, XI. Trois canthares d'argent, dont deux représentent
des scènes bachiques (6); le troisième est orné de figures de phi-
losophes (7). M. Lenormant pense que les scènes figurées sur ce
vase et sur un autre semblable représentent divers degrés d'initiation, où l'on voit l'hiérophante et l'initié.

BRONZES.

60. Diane chasseresse, tirant une flèche de son carquois.
61. Bacchus jeune, couché sur un bélier (8).
62. Tête imberbe, diadémée, d'un roi d'Asie, incertain.
63. Petit génie portant des fruits.

---

(1) Raoul-Rochette, *Oresteïde*, p. 280 à 285, pl. 53.
(2) Caylus, t. 3, pl. 74, 2.
(3) *Idem*, t. 3, p. 273, pl. 74, 2.
(4) *Idem*, t. 7, pl. 75, 1.
(5) Le Prévost, pl. 11 et 15.
(6) *Idem*, pl. 15, n° 3 et 4.
(7) Caylus, t. 3, pl. 55, 1.
(8) *Idem*, t. 2, pl. 68, 4.

64. Mercure enfant entre deux béliers.
65. Petit génie tenant un lièvre.
66. Tête de bacchante couronnée de raisins. Les yeux sont
    d'argent.
67. Mercure assis sur un rocher.
68. Diane chasseresse. (Montfaucon, t. 1, pl. 87.)

SIXIÈME DIVISION.

Tablette inférieure.

I 4. — Au milieu, un superbe vase de sardonyx, nommé par les
uns *coupe des Ptolémées,* par les autres *vase de Mithridate.* Il représente les objets consacrés aux mystères de Cérès et de Bacchus.
Les reines y buvaient le vin consacré, le jour de leur sacre.

On lisait sur le pied ces deux vers latins :

> Hoc vas, Christe, tibi mente dicavit
> Tertius in Francos regmine Karlus.

Ce magnifique vase a été donné à l'abbaye de Saint-Denis par
Charles III, dit le Simple, qui mourut en 929, ou plutôt par
Charles-le-Chauve, que l'on trouve quelquefois qualifié Char-
les III. Ce vase est figuré de grandeur naturelle dans l'*Histoire de
Saint-Denis* par D. Félibien (1), et dans l'*Antiquité expliquée* de
Montfaucon (2), avec l'ancienne monture qui a disparu à la
même époque que celle du camée de la Sainte-Chapelle.

I 5. — Ciboire en agate, monté en or, ouvrage allemand
du XVIe siècle.

I 6. — Autre ciboire en agate.

BRONZES.

69. Minerve, casquée et courant, portant l'égide décorée d'un
    masque de Méduse en argent (3).

---

(1) P. 545, pl. 6.
(2) T. 1, 2e partie, chap. 22.
(3) Caylus, t. 7, pl. 80, 2.

J 1. — Buste de Livie, en Isis, porcelaine. (Caylus, t. 1, pl. 10.)

70. Panthère (1).

J 2. — Buste de Tibère, en porcelaine égyptienne : restauré.

71. Rome casquée. La haste manque (2).

SIXIÈME DIVISION.

Tablette supérieure.

XXV. Grande patère d'argent massif. Au centre, un médaillon, au milieu duquel est un oiseau sur une branche, le tout incrusté en or. Inscription au pointillé :

MERCVR. AVG. SACRVM. GERMANISSA. VISCARI. V. S. L. M. (3).

(Votum solvit, lubens merito.)

Consacré par Germanissa, fille de Viscarus, à Mercure-Auguste.

XII. A droite, un vase représentant d'un côté Jupiter et Junon; de l'autre la nymphe Pyréne et Pégase (4).

BRONZES.

72. Faune portant une outre et le *pedum*, sortant d'un fleuron : trouvé à Châlons en 1673 (5).

73. Buste de Silène (6). F.

74. Camille tenant une patère et une corne d'abondance (7).

75. Tête d'enfant avec deux yeux d'argent, servant de vase (8).

76. Harpocrate, travail greco-égyptien. Il est coiffé du *pschent*, avec des ailes et un carquois comme Eros (l'Amour); il a une bulle suspendue au cou; il porte à ses lèvres l'in-

---

(1) Caylus, t. 1, pl. 63, 3.

(2) *Idem*, t. 3, pl. 64, 1.

(3) Le Prévost, p. 18.

(4) *Idem*, p. 47, pl. 8 et 9.

(5) Caylus, t. 7, pl. 79, 4.

(6) *Idem*, t. 1, pl. 65, 2; Montfaucon, t. 1, pl. 171, 5.

(7) *Idem*, t. 4, pl. 54, 2.

(8) *Cabinet Peiresc*, Montfaucon, t. 3, pl. 75.

dex de la main droite, et tient de la gauche une corne d'abondance : il a le pied posé sur une oie. F.

77. Buste de Silène, incrusté d'argent. On remarque sur la tête une bélière : ce buste a probablement servi de poids à une romaine (1).

78. Femme ailée portant des fruits dans une nébride, sortant d'un fleuron.

SEPTIÈME DIVISION.

Tablette inférieure.

I 7. — Au milieu, une coupe composée de pièces de rapport en verres de couleur, et montée en or.

La pièce du milieu représente un roi Sassanide en relief, gravé inexactement dans l'*Encyclopédie méthodique, Dict. d'Antiq.*, pl. 304, n° 4. La monture est persépolitaine, les verres de couleur sont semblables à ceux des vitraux que l'on voit encore en Perse dans les palais. Cette coupe était dans le trésor de Saint-Denis (2). C'est sans doute un présent de quelque souverain persan, ou un objet rapporté du temps des croisades.

BRONZES.

79. Cybèle. F. (Montfaucon, t. 1, pl. 1.)
80. Buste de la Victoire.
81. Génie tenant une lyre.
82. Génie du Stade, courant. Trouvé à Châlons en 1763 (3).
83. Petit génie mettant sur sa tête un masque de Silène, trouvé à Lyon, paroisse d'Ainay (4).
84. Buste d'enfant ailé.
85. Jeune guerrier grec (5).

---

(1) Caylus, t. 3, pl. 54, 2.
(2) D. Félibien, pl. 4, p. 542.
(3) Caylus, t. 7, pl. 80.
(4) *Idem*, t. 7, pl. 76, 1 et 2.
(5) *Idem*, t. 1 pl. 73, 1.

SEPTIÈME DIVISION.

Tablette supérieure.

18. — Gondole d'agate, du trésor de Saint-Denis.

BRONZES.

86. Minerve.

87. Panthère bachique.

88. Néron jeune, la tête laurée, vêtu de la clamyde.

89. Vulcain.

90. Buste de Junon diadémée.

91. Vénus *victrix* et l'Amour tenant un foudre.

92. ORPHÉE vêtu du pallium, tenant un rouleau dans une main, et un œuf dans l'autre. Donné par M. Dupré en 1836.

93. Panthère bachique, avec un collier de pampre, la patte sur un canthare.

94. Junon. F. (Montfaucon, t. 1, pl. 21, 6.)

HUITIÈME DIVISION.

Tablette inférieure ; première rangée sur le devant.

95. Figure drapée à tête de rat. Caricature.

96. Jeune mime, trouvé à Tarente (1).

97. Silène grotesque portant sur ses épaules une chèvre.

98. Silène jouant de la lyre (2).

99. Histrion ou comédien avec son masque.

100. Figure drapée d'un enfant dans une attitude pensive.

101. Figure à tête de rat, tenant un rouleau. Caricature (3).

Deuxième rangée sur le derrière.

102. Junon, provenant du cabinet de M. Foucault (4).

103. Jupiter.

---

(1) Caylus, t. 5, pl. 83, 2 et 3.

(2) *Idem*, t. 7, pl. 82, 2 et 3.

(3) *Idem*, t. 3, pl. 76, 1.

(4) Montfaucon, t. 1, pl. 21, 6.

104. Figure scénique d'un adolescent, les cheveux relevés sur le front en un nœud comme celui d'Harpocrate, vêtu d'une double tunique et d'un manteau, chaussé du *soccus*, portant sous le manteau une épée dans son fourreau. (Les bras manquent.)

HUITIÈME DIVISION.

Tablette supérieure.

105. Jupiter; du cabinet de Saint-Germain-des-Prés. (Montfaucon, t. 1, pl. 8.)
106. Buste de Cybèle *Panthée*, du travail le plus fin et de la plus belle conservation, trouvé à Tourse, près Abbeville, en Picardie, vers 1750 (1).
107. Junon, diadémée et voilée.

NEUVIÈME DIVISION.

Tablette inférieure.

108. Panthère incrustée en argent et en cuivre rouge.
109. Victoire immolant un taureau (2).
110. Victoire tenant une palme, les pieds joints : trouvée en 1760, à Velleia, près de Plaisance (3).
111. Tête du fleuve *Acheloüs* avec des cornes et un col de taureau (4).
112. Tête laurée d'un empereur, probablement Gallien.
113. Lion tenant un serpent et une tête de chien. Figure mithriaque.
114. La Victoire.

(1) Caylus, t. 5, pl. 111.
(2) *Idem*, t. 6, pl. 68, 5.
(3) *Idem*, t. 4, pl. 59, 1 et 2 ; Montfaucon, t. 1, pl. 209, 5.
(4) *Idem*, t. 4, pl. 64, 4.

115. Bouc, portant sur son dos deux outres (1).
116. Tigre incrusté en or.

NEUVIÈME DIVISION.

Tablette supérieure.

117. Neptune (2), trouvé à Velia en 1760.
118. Buste de Jupiter Serapis.
119. Dieu des jardins portant des fruits dans le pan de sa robe : deux moineaux sont posés dessus.
120. Minerve assise et couverte du casque et de l'égide (3).
121. Enfant assis, les bras élevés.
122. Buste de Silène.
123. Mercure trouvé à Châlons en 1763 (4).

DIXIÈME DIVISION.

Tablette inférieure.

124. Muse assise sur une *oclasia* ou siége pliant à dossier. Elle porte à la tête une des plumes arrachées aux Sirènes.
125. Mendiant nègre couronné de lauriers, accroupi ; figure grotesque. Le sommet de la tête s'ouvrait en forme de couvercle
126. Panthère accroupie (5). Pendant du nº 70.
127. Nègre accroupi, les poings sur les joues ; le menton appuyé sur les genoux (6). F.
128. Mercure. A ses pieds et sur la base antique, la chèvre et le coq. Donné par M. Dupré en 1835.

---

(1) Caylus, t. 6, pl. 92, 5.
(2) *Idem*, t. 4, pl. 59, 3.
(3) *Idem*, t. 7, pl. 71, 1 et 2.
(4) *Idem*, t. 7, pl. 81, 1 et 2.
(5) *Idem*, t. 3, pl. 74, 2.
(6) *Idem*, t. 3, pl. 54, 4.

DIXIÈME DIVISION.

Tablette supérieure.

129. Harpocrate Panthée, coiffée du *pschent*, portant les cornes
d'Ammon et tenant dans sa main gauche une corne
d'abondance enveloppée d'un serpent. Style ancien.

130. Bouc.

131. Ornement représentant Hercule étouffant le lion de Némée.
Au-dessous, combat de deux animaux ; autour, des lions,
des cygnes et des dauphins. Plomb destiné à être mis en
applique.

132. Panthère bachique.

133. Nègre vêtu d'une tunique, tirant un câble. (Les bras manquent.)

ONZIÈME DIVISION.

Tablette inférieure.

134. Sacrificateur voilé, tenant la boîte d'encens.

135. Bélier courant.

136. Enfant courant, portant une armure très-ornée, et des
cnémides. Danseur étrusque, selon Caylus (1).

137. Chat.

138. Sacrificateur voilé, tenant d'une main *l'acerra*, de l'autre
une boulette d'encens.

ONZIÈME DIVISION.

Tablette supérieure.

139. Jupiter gaulois, vêtu du *sagum*, portant un vase à boire,
chaussé de souliers recouverts. F. (2).

---

(1) T. 1, pl. 31, 1.
(2) Caylus, t. 1, pl. 58, 1 ; Montfaucon, t. 2, pl. 192, 4.

140. Petit génie sortant d'un fleuron posé sur un pied de lion.

141. Rat mangeant un fruit.

142. Vase orné de figures d'animaux.

143. Souris mangeant un gâteau.

144. Figure barbue, portée sur un pied de lion.

145. Sylvain tenant un rhyton, des fruits et une corne d'abondance (1).

DOUZIÈME DIVISION.

Tablette inférieure.

146. Hercule en repos, couronné de pin, appuyé sur sa massue recouverte de la peau de lion, tenant l'arc, appuyant la main droite sur son carquois, qui est posé à terre : plinthe et support antiques (2).

147. Mercure drapé et coiffé du pétase. F.

II. Fragments d'une statuette de Mercure en argent, trouvée à Berthouville, réunis par M. Depaulis, un de nos premiers graveurs de médailles.

148. Mercure drapé, coiffé du pétase et tenant la bourse. F.

149. Vénus tenant la pomme (3).

XXX. Derrière les bronzes, deux patères d'argent provenant de la découverte de Berthouville : celle à gauche porte un médaillon qui représente, en ronde bosse, les bustes de Diane et de Mercure (4).

XXXI. Le médaillon de la patère, à droite, représente un génie portant une lyre (5).

---

(1) Caylus, t. 5, pl. 64, 1 et 2.

(2) *Idem*, t. 6, pl. 77, 1 et 2.

(3) Montfaucon, t. 1, pl. 104; de Clarac, *Musée*.

(4) Le Prévost, pl. 3.

(5) *Idem*, pl. 20.

TREIZIÈME DIVISION.

Tablette inférieure.

150. Hercule gaulois, nu, imberbe, brandissant sa massue.

151. Sphinx d'ancien style.

152. Camille tenant un rhyton ; il devait avoir dans la main droite une patère. **F.**

153. Sanglier.

154. Cerf en bronze ; les cornes , qui étaient probablement d'argent, manquent.

155. Sanglier ou verrat.

156. Auguste ; la tête voilée , portant la corne d'abondance et la patère (1).

157. Sphinx ; ornement sur sa base antique.

158. Servant de Bacchus, dansant et portant une massue.

TREIZIÈME DIVISION.

Tablette supérieure.

159. Jeune enfant étouffant une oie. **F.**

160. Petit vase orné de génies portant des guirlandes.

161. Tête de faune, couronnée de pampres.

162. Vase représentant des Génies bachiques chassant des animaux.

163. Masque grotesque. (Caylus, t. 6, pl. 90.)

164. Vase orné de feuilles de laurier : ornement d'un candélabre.

165. Auguste voilé , portant la corne d'abondance et la patère.

QUATORZIÈME DIVISION.

Tablette inférieure.

BRONZES ÉTRUSQUES, AYANT SERVI D'ORNEMENT DE CANDÉLABRES (2).

166. Figure virile nue, imberbe , coiffée d'une espèce de bonnet ressemblant au bonnet phrygien : plinthe antique.

---

(1) Caylus, t. 7, pl. 73, 1.

(2) *Voyez* le candélabre complet dans la grande armoire vitrée.

167. Figure nue, coiffée en nattes, tenant dans la main droite un cygne.
168. Divinité diadémée : la main gauche enveloppée dans sa draperie ; la droite, entr'ouverte, tient une fleur (1).
169. Satyre barbu ; les jambes et les bras manquent.
170. Figure jeune, la tête surmontée d'un fleuron : les mains semblent faire le geste d'applaudir ou de battre la mesure.
171. Sacrificateur étrusque.
172. Mercure barbu, portant un bélier.
173. Ephèbe ou jeune athlète, nu, marchant sur la pointe des pieds pour ne pas glisser dans la palestre : base antique. (Acquis à la vente de feu M. Durand, n° 1937 de son catalogue.)
174. Femme debout, vêtue d'une tunique serrée, la tête ceinte d'un bandeau, la droite ouverte (2).

QUATORZIÈME DIVISION.

Tablette supérieure.

175. Triton, acquis de M. Soulages, en 1836.
176. Jeune femme vêtue d'une tunique et portant des brodequins.
177. Hécate ou la triple Diane (3).
178. Télesphore (4).
179. Camille, tenant une patère.
180. Génie couronné de fleurs, portant une palme et un rhyton (5).
181. *Les Mères augustes :* groupe de trois femmes adossées à une colonne et portant des fruits et une corne d'abondance (6).

---

(1) Caylus, t. 6, pl. 90.
(2) Montfaucon, t. 3. pl 42, 2.
(3) Caylus, t. 5. pl. 65.
(4) *Idem*, t. 1, pl. 66, 1.
(5) *Idem*, t. 3, pl. 50.
(6) Millin, *Voyage dans le midi de la France*, t. 1, p. 246 ; t. 2, p. 41.

182. Amour captif, trouvé en Morée et donné par M. Dubois, en 1830.

183. Tête de mule, coiffée de pampres. (1).

QUINZIÈME DIVISION.
Tablette inférieure.

184. Figure votive de style grec, probablement Apollon, avec une inscription dédicatoire, tracée transversalement sur les cuisses :

ΚΑΦΙΣΟΔΩΡΟΣ ΑΙΣΚΛΑΠΙΙΟΙ.

C'est-à-dire : *Céphisodore à Esculape* (2).

185. Divinité étrusque, drapée, les mains étendues (3).

186. Minerve étrusque, casquée, brandissant sa lance (4).

187. *Lophos,* ou aigrette de casque en forme de tête et de col de cygne.

188. Hercule combattant le lion de Némée ; groupe étrusque sur son socle antique, provenant du musée Carpegna (5).

189. Statuette de style primitif, le bras levé comme pour lancer un javelot. F.

190. Danseur nu, la main droite sur sa hanche, penchant la tête sur la main gauche (6).

QUINZIÈME DIVISION.
Tablette supérieure.

191. Silène armé, figure sur sa plinthe antique, figure destinée à orner le sommet d'un candélabre (7).

---

(1) Caylus, t. 7, pl. 55, 1.

(2) Montfaucon, t. 3, pl. 158 ; *Musée* du comte de Thoms, 1745, pl. 6 ; Letronne, *Annales de l'Institut archéologique,* 1834. *Tav. d'agg.*

(3) Caylus, t. 1, pl. 28, 2.

(4) *Idem,* t. 6, pl. 24, 3 et 4.

(5) *Idem,* t. 6, pl. 27, 1 et 2.

(6) *Idem,* t. 3, pl. 28, 1.

(7) *Idem,* t. 5, pl. 60.

192. Femme étrusque, coiffée du *tutulus*, tenant d'une main le pan de sa robe, et de l'autre un fruit (1).
193. Figure nue et barbue, tenant une pierre. Sommet d'un candélabre.
194. Figure imberbe, du style primitif (2).
195. Danseur vêtu d'une très-petite tunique à manches, la tête ceinte d'une bandelette, portant une chaussure pointue, tenant la tige d'un candélabre, acquis à la vente de feu M. Durand, n° 1913 de son catalogue.
196. Sagittaire étrusque, coiffé d'un bonnet pointu.
197. Vieillard avec son fils couvert d'une cuirasse. Groupe sur sa base antique (3).
198. Figure étrusque s'enveloppant dans une draperie, les jambes couvertes des cnémides (4).

SEIZIÈME DIVISION.

Tablette inférieure.

SUR LE DEVANT :

199. Tête d'un jeune homme, enveloppée d'un voile ; probablement Achille.
200. Jupiter.
201. Hercule barbu, tenant la massue et le canthare. Catalogue Durand, n° 1931.
202. Jupiter.
203. Tête de déesse voilée.

DERRIÈRE CETTE RANGÉE :

204 Jeune faune, d'un très-beau travail, provenant du cabinet de M. Foucault.

---

(1) Caylus, t. 4, pl. 24, 3, 4.
(2) *Idem*, t. 2, pl. 15, 1.
(3) *Idem*, t. 6, pl. 26, 1 et 2.
(4) *Idem*, t. 6, pl. 34, 3 et 4.

205. Femme grecque, vêtue du *peplus*, la tête ornée d'un *credemnon* ou diadème ; probablement une *canéphore* (porteuse de corbeille). Figure en bronze, incrustée d'argent (1).

206. Divinité laurée, imberbe, portant un large collier, une armille ornée de bulles pendantes au haut du bras gauche, une courte draperie roulée autour de l'avant-bras droit, et des brodequins.

Une inscription étrusque dédicatoire est tracée sur la cuisse gauche (2).

Cette figure, après avoir fait partie, dans le XVIe siècle, de la collection des ducs de Ferrare, passa en Hollande, d'où elle est venue en France, après la mort du comte de Thoms.

SEIZIÈME DIVISION.

Tablette supérieure.

207. Jeune nègre, nu, jouant d'un instrument à cordes (les attributs manquent), trouvé à Châlons-sur-Saône, en 1763 (3).

208. Cérès tenant la corne d'abondance.

209. Jeune femme assise à sa toilette. La main gauche devait tenir un miroir. Trouvée à Rome en 1753 (4).

210. Le Soleil couronné de rayons, et portant un caducée. Trouvé à Châlons-sur-Saône en 1763 (5).

211. Diane lançant un javelot, trouvée à Châlons-sur-Saône (6).

---

(1) *Musée* du comte de Thoms, pl. 11 (1745).

(2) Montfaucon, t. 3, p. 157 ; Gori, *M. E.*, pl. 32 ; *Musée* du comte de Thoms (1745), pl. 3 ; Lanzi, *Saggio*, t. 2, pl. 11, 3. (H., 9 p. 10 lig.)

(3) Caylus, t. 7, pl. 81, 3, 4 et 5.

(4) *Idem*, t. 7, pl. 26 ; de Clarac, *Musée*, pl. 753, n° 1832.

(5) *Idem*, t. 7, pl. 79, 2 et 3.

(6) *Idem*, t. 7, pl. 80, 3.

PIERRES GRAVÉES.

INTRODUCTION A LEUR ÉTUDE.

Les collections de pierres gravées peuvent être envisagées sous plusieurs points de vue intéressants. Leur étude sert à la comparaison et à l'intelligence des monuments. Les pierres gravées, par leur petitesse et par la solidité de la matière, échappent facilement au ravage des siècles ; elles offrent aux artistes des modèles de compositions, des imitations de statues ou de bas-reliefs antiques dont elles seules nous conservent le souvenir. Non-seulement des sujets mythologiques et historiques, des portraits de personnages illustres sont retracés sur les pierres gravées, mais on peut y suivre la marche progressive de l'art depuis son enfance jusqu'à sa perfection. Les noms des graveurs, tracés sur les pierres à côté de leur ouvrage, leur donnent encore un grand intérêt. Les pierres gravées ont, non-seulement servi aux anciens d'anneaux et de cachets, mais elles étaient un objet de luxe, et elles enrichissaient leurs vêtements. Les dames romaines en ornaient leurs coiffures, leurs bracelets, leurs ceintures, leurs agrafes : elles en chargeaient avec profusion le bord de leurs robes. Les camées étaient employés à cet usage, parce qu'ils offraient à la vue des bas-reliefs dans lesquels les nuances des agates et des sardoines formaient des tableaux par la variété des couleurs.

On nomme *dactyliothèque* une collection de pierres gravées ; ce mot est composé du grec δακτύλιος, *dactylios*, anneau ; et θήκη, *thekè*, coffret, cassette ; c'est ainsi que le mot bibliothèque signifie collection de livres, du même mot *theké* et de *biblion*, livre.

On fait remonter jusqu'à Scaurus, gendre de Sylla, la première dactyliothèque. Pompée consacra dans le Capitole les pierres gravées enlevées à Mithridate. César consacra plusieurs dactyliothèques ou baguiers, dans le temple de *Venus genitrix*.

Marcellus en mit une dans le temple d'*Apollon palatin*. Ces trésors servaient à parer les statues des dieux, auxquelles on mettait des anneaux que l'on changeait selon les diverses fêtes.

Parmi les modernes, c'est Laurent de Médicis qui le premier a fait une collection de pierres gravées, qui, enrichie par ses successeurs, fait un des plus beaux ornements de la galerie de Florence.

Pétrarque fut aussi un des premiers collecteurs de pierres gravées et de médailles.

Les collections des cabinets de Paris, de Vienne et de Berlin, sont justement célèbres. Celle de Saint-Pétersbourg, formée du cabinet du graveur Natter, s'est enrichie, à l'époque de la révolution, de la belle collection du duc d'Orléans (1). Il y a des collections très-remarquables à Rome, entre autres celles du Vatican, de Strozzi et de Ludovisi-Buoncompagni, ancien prince de Piombino. Il y en a beaucoup en Angleterre. De riches particuliers ont aussi formé des dactyliothèques qui, à leur mort, ont enrichi les cabinets des souverains. La collection de Stosch a passé dans celle du roi de Prusse, et celle du comte de Caylus dans le cabinet du roi de France. M. le baron Roger, à Paris, est en ce moment l'amateur qui possède la plus belle collection de pierres gravées.

Les dactyliothèques se composent de pierres appelées INTAILLES et CAMÉES. Les intailles sont les pierres gravées en creux, du mot italien *intagliare*, graver. Le camée est une gravure en relief, son nom vient du mot italien *cameo*, que quelques étymologistes font venir de l'hébreu *camaa*, qui signifie amulette. M. Reinaud pense qu'il peut venir du mot arabe *camaa* ou *kemma* qui signifie relief, bosse (2). L'ancien mot *camaïeu* est maintenant restreint à la peinture en une seule couleur.

---

(1) Publié par de Clarac et Leblond, en 1780, 2 vol. in-fol.
(2) *Monuments musulmans de* M. le duc de Blacas, t. 1, p. 28.

La classification d'une dactyliothèque doit être méthodique. Il faut d'abord séparer, autant que possible, les pierres antiques des modernes, et les diviser ensuite par sujets.

Mythologie : les dieux du ciel, des eaux, de la terre, des enfers : à la suite de chaque divinité, les divers attributs et les animaux qui lui sont consacrés. *Histoire héroïque :* les *mythes* ou fables selon leur rang d'ancienneté, et en les rangeant selon les peuples dont ils sont les plus anciennes traditions : fables helléniques, arcadiennes, argiennes, corinthiennes, thébaines, etc.

L'*Iliade* forme un cercle important auquel se rattachent les sujets homériques. L'*Enéide* vient ensuite ; puis, l'*iconographie grecque* ; et enfin, l'*histoire romaine*, qui termine la collection des sujets antiques, et qui se classe chronologiquement.

La décadence de l'art laisse un vide peu après le règne de Constantin, et la glyptique recommence à l'époque de la renaissance, au XVe siècle, où reparaissent tous les arts qui tiennent du dessin.

Presque toutes les pierres gravées qui composent aujourd'hui les collections ont été trouvées sur les côtes de l'Italie, dans les maisons de campagne des anciens, où ils entretenaient des affranchis uniquement occupés du travail de la *glyptique* ou art de la gravure. (Ce mot vient du grec *glyphein,* graver.) On a trouvé aussi beaucoup de pierres gravées dans les trésors des églises, sur les habits sacerdotaux, autour des vases montés dans le XVIe siècle, et sur les couvertures des livres d'église. Les Croisés en ont aussi beaucoup apporté de l'Orient, ainsi que les Grecs après la prise de Constantinople.

L'art de la gravure sur pierre est aujourd'hui peu cultivé ; c'est particulièrement en Italie qu'il s'est conservé. Les graveurs qui se sont distingués en France sont : Coldoré, qui travaillait sous Henri IV; Gay, sous Louis XV ; M. Jeuffroi, à la fin du dernier siècle ; et, de nos jours, M. Simon.

Les matières principales employées pour la gravure sur pierre peuvent se diviser ainsi qu'il suit :

PIERRES SILICEUSES TRANSPARENTES.

Le cristal.

GEMMES.

Le *diamant*, le *saphir*, de couleur bleue ; le *grenat*, dont le rouge est vineux ; l'*émeraude*, qui est verte ; le *bérylle* ou *aigue-marine*, d'un vert clair ; la *topaze*, d'un jaune brillant ; l'*hyacinte*, d'un rouge doré ; le *rubis*, tirant sur le rouge ; l'*améthyste* ; d'un beau violet.

PIERRES SILICEUSES DEMI-TRANSPARENTES.

La *prase* ou *prisme d'émeraude*, d'un vert douteux ; l'*opale*, d'un blanc laiteux et chatoyant ; l'*agate* ou *achate*, d'un blanc dont les nuances varient : lorsqu'elle est laiteuse, on la nomme *chalcédoine* ; plus opaque, c'est le *cacholoug* ;

La *sardoine*, de la même pâte que l'agate, est d'une couleur brune et enfumée.

La *sardonyx* est l'agate unie à la sardoine, ou plutôt une pierre de la même pâte, composée de plusieurs couches ; elle est surtout employée pour les camées.

L'*onyx-nicolo* a le fond noir, avec une couche bleuâtre.

La *cornaline*, de la même pâte que l'agate, est d'un jaune rougeâtre ; les plus transparentes s'appellent *cornalines de vieille roche*.

Le *jade* est d'un blanc laiteux ; il y en a d'olivâtre et de vert.

PIERRES SILICEUSES OPAQUES.

Le *jaspe*, qui se distingue par la variété de ses couleurs.

PIERRES ARGILEUSES.

Le *lapis lazuli*, pierre bleue sur laquelle des pyrites cuivreuses forment des traces dorées.

PÉTRIFICATIONS.

La *turquoise*, qui est verte.

MÉTAUX.

L'*hématite*, qui est noire ; la *malachite*, verte et opaque.

On travaille aussi l'*ambre*, le *corail*, l'*ivoire* et les *coquilles*, qui ont surtout été employées par les modernes.

Mariette a publié un fort bon *Traité des pierres gravées*. Millin a donné, en 1795, une *Introduction à l'étude des pierres gravées*, que l'on peut consulter avec fruit (1), ainsi que les *Catalogues* d'empreintes, de Raspe et de Lippert.

DESCRIPTION

DES PIERRES GRAVÉES : INTAILLES.

MYTHOLOGIE.

DIEUX DU CIEL.

1. Saturne; *cornaline*.
2. Cybèle sur un lion; *onix-nicolo*. Mariette, pl. 4 (2).
3. Les corybantes devant une chapelle de Cybèle ; *hématite*.
4. à 10. Le lion, animal consacré à Cybèle ; trois *cornalines*, deux *prases*, un *jaspe vert*.

---

(1) La critique des pierres gravées, comme celle des monuments, a fait un grand progrès depuis un quart de siècle. Les explications de Montfaucon, de Caylus et de Mariette ont dû subir de grandes modifications ; cependant nous citerons toujours ces auteurs dont l'érudition était grande, mais qui manquaient des objets de comparaison dont beaucoup de découvertes ont enrichi la science de l'archéologie.

On trouvera, dans cette description des pierres gravées, quelques explications nouvelles que je dois à M. Charles Lenormant, maintenant conservateur des livres imprimés, et qui, pendant son séjour au Cabinet des médailles, dont il a été conservateur-adjoint, avait commencé des travaux dont il a bien voulu me permettre de faire usage.

(2) Je citerai souvent l'ouvrage de Mariette, intitulé : *Traité des pierres gravées*, in-fol., Paris, 1751. Le second volume est intitulé : *Recueil des pierres gravées du roi*.

11. Tête de Jupiter ; *cornaline*.

12. Idem ; *jaspe vert*.

13. Jupiter assis sur son trône, l'aigle à ses pieds ; *chalcédoine*. Mariette, pl. 5.

On verra le même sujet dans la montre des bronzes, *troisième division*.

14. Jupiter-Nicéphore assis, l'aigle à ses pieds, et couronné par la Victoire ; *cornaline*.

15, 16, 17. Jupiter assis, tenant la patère, l'aigle à ses pieds ; *chalcédoine*.

18. Jupiter assis, tenant le foudre ; *chalcédoine*.

19. Jupiter debout, tenant le foudre ; *agate*.

20. Autre ; *prase*.

21. Jupiter assis, radié, coiffé du *modius*, l'aigle à ses pieds, entre Castor et Pollux ; *cornaline*.

22. Têtes de Jupiter et de Junon ; *jaspe*.

23. Jupiter, debout, donnant la main à Junon ; *chalcédoine*.

24. Jupiter et Diane d'Ephèse, c. c. is. x ; *cornaline*. Mariette, pl. 7.

25. Jupiter *muscarius* ; sa barbe est faite de deux ailes de mouches ; *sardonyx*. (Winckelm., *Mon. inéd.*, pl. 13.)

26. Ganymède faisant boire l'aigle de Jupiter ; *cornaline*. Mariette, pl. 52.

27. Tête d'aigle ; *onyx-nicolo*.

28. Autre ; *cornaline*.

29. Aigle ; *cornaline*.

30. Aigle sur un foudre, tenant dans son bec une couronne, *jaspe rouge*.

31. Autre, tenant une palme ; *chalcédoine*.

32. Autre, sur une palme, tenant une couronne ; *prase*.

33. Deux aigles tenant une couronne ; *onyx-nicolo*.

34. Aigle sur un autel, tenant une couronne ; *cornaline*.

35. Autre, tenant un crabe ; *prase*.

36. Autre, sur un autel ; devant lui une enseigne ; *sardoine*.

37. Aigle entre deux enseignes; *cornaline.*

38. Autre, tenant une couronne entre deux enseignes surmontées de cornes d'abondance ; *cornaline.*

39. Aigle tenant un lièvre dans ses serres, et attaqué par un chien ; *pâte antique.*

40. Tête de Jupiter-Ammon, avec la corne de bélier ; *cornaline.*

41. Tête de Mars ; *cornaline.*

42, 43. Mars debout ; *cornaline, prase.*

44. Mars combattant ; *sardoine.*

45 à 49. Mars portant un trophée ; trois *cornalines,* une *améthyste,* une *prase.*

50. Mars en repos, assis sur une cuirasse, son casque à ses pieds ; *cornaline.*

51 à 56. Têtes d'Apollon ; trois *cornalines,* une *améthyste,* une *sardoine,* une *prase.*

57. Apollon tenant l'arc ; *pâte antique.*

58. Même sujet ; *sardonyx.* Mariette, pl. 125.

59. Apollon tenant la lyre; *cornaline.* Mariette, pl. 11.

60. Le même, devant un autel surmonté d'un vase; *cornaline.*

61, 62. Apollon Actiaque vêtu d'une longue robe, ainsi qu'on le voit sur les médailles d'Auguste; *chalcédoine, prase.*

63. Apollon tenant la lyre; près de lui un trépied; *grenat.*

64. Apollon assis devant le trépied; *cornaline.*

65. Apollon et une Muse devant un terme de Pan ; *jaspe sanguin.*

66. Lyre ; *cornaline.*

67. Trépied ; *jaspe rouge.*

68. Génie de la poésie ; *améthyste.* Mariette, pl. 17.

69. Corbeau ; *sardonyx.*

70. Lézard ; *onyx-nicolo.*

71. Rat, symbole d'Apollon-*Sminthien.* Apollon avait ce surnom, parce qu'il avait détruit les rats : on le lui donne sur les médailles d'Alexandria Troas; *sardonyx.*

72. Polymnie (1); *améthyste.*

73. Thalie ; *cornaline.*

74. Tête du Soleil , de face ; *opale.*

75. Tête d'Apollon radié, comme dieu du soleil ; *grenat.*

76. Tête d'Apollon radié, et de Diane avec le croissant CYM; *cornaline.*

77. Apollon radié, tenant le fouet à la main ; *cornaline.*

78. Char du soleil ; *sardonyx.*

79. L'Aurore conduisant les chevaux du Soleil ; *pâte antique ,* imitation du revers d'une jolie médaille de la famille Plautia. Le même sujet se retrouve sur un beau camée du cabinet du duc d'Orléans ; gravé par un artiste nommé Rufus.

80. Esculape ; *cornaline.*

81. Hygiée ; *cornaline.* Mariette, pl. 57.

82. Buste de Diane ; *cornaline.*

83. Diane sur un taureau, ou Diane tauropole (2); *chalcédoine.*

84 à 88. Diane d'Éphèse ; trois *cornalines ,* deux *sardonyx.*

89. Le dieu Lunus ; *cornaline.* Mariette, pl. 59.

90. Le dieu Mois ; *agate.*

91. Buste de Pallas. OYPT. ΣOY. NωθA ΠΙΤΟΥΚαΠ. *Jaspe sanguin.* Mariette , *Têtes* n° 4.

92. Buste de Pallas avec l'égide ; *cornaline.* Mariette, *Têtes* n° 5.

93 à 99. Têtes de Pallas ; deux *cornalines ,* une *prase ,* deux *sardonyx,* un *jaspe rouge, onyx-nicolo.*

100. Pallas marchant, la lance sur l'épaule ; *améthyste.*

101. Idem ; *cornaline.*

102. Pallas Nicéphore ; *chalcédoine.*

103. Idem ; *cornaline.*

---

(1) Cette pierre, gravée dans Mariette, pl. 104, était connue sous le nom de *Calpurnie* consultant un génie sur le sort de César.

(2) *Voyez* sur la Diane tauropole : de Clarac , *Musée de sculpture ancienne et moderne,* t. 2, p. 242; Millin , *Monuments inédits,* t. 2, p. 341.

104. Pallas Nicéphore assise ; *prase.*
105. Pallas debout, ébauche ; *cornaline.*
106. Pallas tenant un bouclier sur un autel; *prase.*
107. Pallas apprenant à jouer de la flûte à un jeune faune ; *pâte antique.*
108. Pallas près d'un terme, et portant de la droite un terme à tête d'oiseau ; dessous, l'aigle portant une couronne; *chalcédoine.*
109. Pallas panthée ; *cornaline.*
110. Idem ; *prase.*
111. Tête de Méduse; *agate.*
112. Idem ; *cornaline.*
113. La Victoire dans un char ; *cornaline.*
114. Le même sujet ; *cornaline.* Mariette, pl. 119.
115. La Victoire tenant une palme et une couronne; *onyx-nicolo.* Mariette, pl. 116.
116. Victoire écrivant sur un bouclier ; *cornaline.* Mariette, pl. 117.
117. Même sujet ; *agate.*
118. Victoire portant un trophée, A. E. N.; *cornaline.*
119. Victoire élevant une couronne ; *onyx-nicolo.*
120. Idem ; *cornaline.*
121. Victoire sur un globe, POTHI ; *cornaline.*
122. Tête de Victoire; *onyx.*
123. Idem; *cornaline.*
124. Vénus; *cornaline.*
125. Idem ; *chalcédoine.*
126. Vénus Marine; *chalcédoine.*
127. Vénus anadyomène (*sortant de l'eau*); *améthyste.*
128. Vénus tenant un miroir ; *sardonyx.*
129. Vénus *victrix* (victorieuse).

Ce sujet, très-fréquemment représenté sur les pierres gravées et sur les médailles, se trouve au revers des médailles de Jules César, qui prétendait descendre de Vénus par Jule, fils d'Énée, regardé comme le chef de la famille *Julia* ; *sardonyx*. Mariette, pl. 24.

130 à 151. Même sujet ; trois *cornalines*, deux *améthystes* et quatorze *prases*.

152. Vénus accroupie ; *prase*.

153. Simulacre de la Vénus paphienne, au milieu de son temple, imitation des médailles de l'île de Chypre ; *jaspe rouge*.

154. Idem ; *prase*.

155. Vénus entre Bacchus et l'Abondance ; *pâte antique*.

156. Vénus et Pan : ΠΑΝΑΙΟΥ ΑΦΡΟΔΙΤΗ ; *sardoine*.

Caylus, qui a publié cette pierre (1), regarde le mot ΠΑΝΑΙΟΥ comme le nom du graveur *Panaeus*; il croit que le mot ΑΦΡΟΔΙΤΗ a été ajouté.

157. Cygne ; *sardonyx*.

158. Moineau ; *sardonyx*.

159. Amour captif ; *cornaline*.

160. Amour devant un arbre sur lequel est un oiseau ; *prase*.

161. Amour tenant une faux ; *cornaline*.

162. Amour voguant sur une amphore ; *jaspe rouge*.

163. Amour sur un lion ; *cornaline*.

PREMIÈRE MONTRE.

DEUXIÈME DIVISION.

164. Amour sur un lion ; *sardonyx*.

165. Amours portant un bouclier vers un autel ; *cornaline*.

166. Amours élevant un trophée ; *cornaline*.

167. Amours lutteurs ; *jaspe rouge*.

168. Amour brisant ses flèches ; *cornaline*.

169. Amour portant un casque ; *cornaline*.

(1) *Recueil de monuments*, t. 6. p. 137, pl. 41, n° 3.

170. Amour poursuivant un cygne ; *cornaline*.

171 à 173. Têtes de Mercure ; *cornaline*.

174. Vœu à Mercure ou emblème du commerce ; *onyx-nicolo*.
Mariette, pl. 30.

175. Mercure évoquant une ombre ; *agate*.

176. Mercure messager ; *sardoine*. (*Cat.* de Raspe, n° 2382.)

177. Mercure assis sur un rocher : L. OCTAVI. LAETI. ; *cornaline*.

178 à 181. Le même sujet ; une *prase*, une *améthyste*, une *jaspe*,
une *sardonyx*.

182. Mercure, ébauche grossière ; *cornaline*.

183. Autre ; *cornaline* montée sur une bague ancienne.

184. Même sujet ; *cornaline*.

185. Mercure tenant la bourse et le caducée ; dans le champ, un
coq et une tortue ; *onyx-nicolo*. Mariette, pl. 29.

186 187. Même sujet ; un *jaspe*, une *cornaline*.

188. Mercure appuyé sur un cippe, tenant une tête de bélier ;
améthyste.

189. Mercure appuyé sur un cippe, tenant le caducée ; *jaspe*.

190. Le pied de Mercure avec ses talonnières ailées, et un papillon, emblème de la mort ; *cornaline*. Mariette, pl. 72.

191, 192. Coq ; une *prase*, une *cornaline*.

193. Un coq et une poule ; *jaspe rouge*. (Caylus, t. IV, pl. 34.)

DIEUX DE LA TERRE.

194. Cérès assise tenant des épis ; *sardonyx*.

195, 196. Truie ; *cornaline*.

197. Fourmi ; *sardonyx*.

198. Tête de Bacchus de face, coiffée du *credemnon* ; *améthyste*.
Mariette, *Têtes* n° 115.

199. Même tête ; *cornaline*.

200. Tête de Bacchus indien ; *prase*.

201. Bacchus indien, tenant le thyrse, devant un autel sur lequel est un masque ; *topaze*. (Buonarroti, *Medagl. antichi*, pl. 440.)

202 à 206. Bacchus; deux *cornalines*, une *prase*, une *améthyste*, une *pâte antique*.

207, 208. Têtes de Silène; *pâtes antiques*.

209. Tête de Pan; *onyx-nicolo*.

210. Taureau dionysiaque, gravé par Hyllus (ΥΛΛΟΥ); *chal-cédoine*. (*Voyez* Stosch, *Pierres avec les noms des graveurs*, p. 56, pl. 40; Bracci, t. 2, p. 128, pl. 80; Mariette, pl. 42.)

211. Têtes accollées de Pan et de Syrinx, avec le *pedum* et la flûte à sept tuyaux. ΜΟΕSI; *améthyste*. Mariette, pl. 49.

212. Tête de faune; *chalcédoine*.

213. Faune assis, tenant entre ses jambes une double flûte, devant un autel surmonté d'une statue; *cornaline*.

214. Faune bacchant, tenant le *pedum*; *cornaline*.

215. Vieux faune tenant le *pedum* et une coupe; *pâte antique*.

216. Faune bacchant, les bras élevés; *silex*.

217. Faune à genoux dans une attitude effrayée, *sardoine*.

218. Faune bacchant, tenant le *pedum* et un canthare; à ses pieds un vase renversé; *sardonyx*. Mariette, pl. 40.

219. Faune tenant le *pedum* et une grappe de raisin; *cacholong*.

220. Faune tenant le thyrse et un canthare; à ses pieds une panthère; *jaspe rouge*.

221. Faune tenant un vase et des épis sur lesquels est un oiseau; *onyx-nicolo*.

222. Faune accroupi, buvant dans un *rhyton*; *sardoine*.

223. Faune tenant un arc et une bandelette; *cornaline*.

224. Faune jouant avec un cerceau; *cornaline*. (Winkelm., *Mon. inéd.*, n° 195.)

225. Faune portant sur ses épaules une faunesse; *cornaline*.

226. Tête de bacchante; *sardonyx*.

227. Bacchante près d'un terme de Priape; *prase*.

228. Bacchante ou ménade en délire, à genoux sur un ciste, tenant une figure qui joue de la double flûte, devant un terme de Priape; derrière elle un petit faune dans une

corbeille, tenant le thyrse et buvant ; *cornaline*. Mariette,
pl. 41.

229. Bacchante à mi-corps, tenant le thyrse et un masque de
satyre ; *cornaline*.

230, 231. Sacrifices à Priape ; *cornalines*.

232. Sacrifice à Bacchus ; *cornaline*.

233. Sacrifice à Bacchus devant une chapelle ; *cornaline*.

234. Scène d'initiation aux mystères ; *cornaline*.

235. Scène d'initiation devant un autel ; *pâte antique*.

236. Taureau ; *cornaline*.

237. Tête de panthère ; *améthyste*.

238 à 252. Masques scéniques ; *cornalines, améthystes*, etc.

253 à 258. Histrions ; *cornalines* et *sardoines*.

259, 260. Combat d'un faune et d'un bouc ; *cornal., jaspe rouge*.

261. Combat de deux boucs ; *jaspe rouge*.

262 à 265. Boucs ; trois *cornalines*, une *prase*.

266. Pan jouant de la double flûte ; *onyx-nicolo*.

267. Sylvain devant un autel ; *cornaline*.

268. Sanglier ; *sardoine*.

269. Une centauresse tenant un rhyton en forme de Pégase,
dont elle verse le vin dans une coupe où elle boit (1) ;
cristal de roche, donné au cabinet par M. Dubois. Selon
M. Ch. Lenormant, cette centauresse est Hippa, l'une
des nourrices de Bacchus.

DIEUX DES EAUX.

270, 271. Neptune ; une *cornaline*, un *cristal*.

272. Cheval ; *onyx-nicolo*.

---

(1) Astydamas, dans sa pièce intitulée *Mercure*, fait mention d'un rhyton
en or, qui se termine en Pégase. Un autre *Pégase* est cité par Épinique,
comme représentant aussi Bellérophon combattant contre la Chimère. On voit
encore un *Pégase* dans une peinture de vase, publiée par Tishbein, *Vases
d'Hamilton*, t. 1, pl. 36. (*Voyez* Th. Panofka, *Recherches sur les véritables noms des vases grecs*, p. 33, pl. 5, n° 85.)

273. *Leucothea*, déesse de la mer ; *cornaline*.

Cette jolie pierre était connue sous le nom de Léandre nageant vers Héro. M. Ch. Lenormant a retrouvé le véritable sujet de cette pièce, en la comparant à une médaille d'argent de la famille *Crépereia*, où l'on voit la même figure accompagnée d'un polype, au revers de Neptune sur son char traîné par deux chevaux marins. (Morell. Fam. Rom., t. Ier, p. 145.)

274. Dauphin ; *sardonyx*.

275. Thétis sur un cheval marin, portant un bouclier à Achille ; *aigue marine*. (Buonarotti, *Medagl. antichi*, p. 113).

276. Même sujet ; *cornaline*.

277 à 279. Amour sur un cheval marin ; un *cacholong*, deux *onyx-nicolo*.

280. Amour sur une écrevisse ; *jaspe rouge*.

281, 282. Triton gravé au revers d'un scarabée ; *cornaline*. Caylus, t. IV, pl. 30.

DIEUX DES ENFERS.

283, 284. Tête de Sérapis ; une *cornaline*, un *onyx nicolo*.

285. Un pied sous une tête de Sérapis. Ex-voto ; *cornaline*. Mariette, pl. 8.

286, 287. Tête de Sérapis avec la corne d'Ammon ; une *améthyste*, un *onyx-nicolo*.

288. Sérapis sur son trône ; à ses pieds Cerbère ; *cornaline*.

289. Sérapis dans son temple ; *prase*.

290 à 292. Sérapis debout ; un *onyx-nicolo*, une *sardonyx*, une *aigue marine*.

293. Clotho, l'une des Parques, filant une quenouille ; *cornaline*.

294. Même sujet, travail grossier ; *jaspe*.

295. Némésis Panthée, au revers de deux scarabées affrontés ; *cornaline*. (Buonarotti, *Medagl. antichi*, p. 225.)

296, 297. Génie de la Mort tenant un flambeau renversé ; une *améthyste*, un *onyx-nicolo*.

DIVINITÉS ÉGYPTIENNES.

298. Tête d'Isis ; *cornaline.*

299. Isis tenant le sistre et un vase ; *jaspe.* Mariette, pl. 9.

300. Canope à tête d'Isis ; *sardoine.*

301 à 307. Vaches ; quatre *cornalines,* deux *agates,* un *jaspe rouge.*

308. Horus ou Harpocrate sur une fleur ; *hématite.*

309. Sphinx égyptien ; *cornaline.*

EMBLÊMES TIRÉS DES RELIGIONS ORIENTALES.

310. Griffon ; *agate.*

311 à 313. Lion dévorant un cerf ; *cornaline.* Mariette, pl. 119 et 120.

314. Loup dévorant un cerf ; *cornaline.*

315. Mithra égorgeant un taureau dans une grotte : au-dessus de lui, le soleil, le croissant, un corbeau : dessous, le scorpion et le serpent. Derrière lui le génie du Jour ou *Phosphorus,* tenant deux flambeaux (1) ; *chalcédoine.*

DIVINITÉS ALLÉGORIQUES.

316 à 324. L'Abondance.

325. L'Abondance dans un temple ; *sardoine.*

326 à 328. Cornes d'abondance.

329. Bonus-Eventus ; *onyx-nicolo.* Mariette.

330. Le même ; *cornaline.*

---

(1) Le culte du dieu Mithra passa de la Perse en Cappadoce et en Grèce. Pompée, lors de la guerre des Pirates, en porta la connaissance à Rome, d'où il se répandit dans toute l'Italie. (*Voyez* le mémoire de M. Lajard, intitulé : *Nouvelles observations sur le grand bas-relief mithriaque du Musée royal,* Paris, 1828 ; et la réfutation de ce mémoire, dans le *Musée de sculpture ancienne et moderne,* par M. de Clarac, t. 2, p. 286 et suiv., pl. 204. Notre pierre a été acquise de M. Millingen, en 1806.)

331. Tête de Bonus-Eventus entre des épis et des pavots : dessous, deux mains jointes; *onyx-nicolo.*
332. L'Espérance ; *prase.*

CONTRÉES ET VILLES.

333. La ville d'Antioche sur le fleuve Oronte ; *cornaline.*
334. Même sujet ; *jaspe rouge.*
335. Tête de l'Afrique; *cornaline.*
336. Tête d'éléphant, animaux et autres symboles ; *jaspe.*
337, 338. Scorpions; *sardoines.*
339, 340. Crabes ; une *cornaline,* une *prase.*
341. Pêcheur tenant un crabe ; *cornaline.*
342. Oiseau avec ses petits ; *chalcédoine.*
343. Une mouche ; *sardoine.*
344. Fleur de lotus ; *cornaline.*

SECONDE MONTRE.

PREMIÈRE DIVISION.

HISTOIRE HÉROIQUE.

345. Prométhée posant le feu sur un autel ; au-dessous, un papillon, symbole de l'âme; *cornaline.*
346 à 349. Pégase ; une *cornaline,* un *jaspe,* une *agate,* une *sardoine.*
350. Hellé traversant l'Hellespont sur un bélier : derrière elle un Amour; *cornaline.* Mariette, pl. 23.
351. Cadmus ; *cornaline.*
352. Cadmus devant une colonne entourée d'un serpent et surmontée d'un oiseau : près de lui un bélier ; *cornaline.*
353. Jason s'emparant de la toison d'or ; *pâte antique.*
354 à 361. Têtes d'Hercule jeune ; *cornalines, sardoines et jaspes.*
363, 364. Têtes d'Hercule barbu coiffé de la peau du lion; *cornalines.*

365. Hercule enlevant le trépied d'Apollon. Ce mythe est raconté par Ápollodore et Pausanias. Le héros étant allé consulter l'oracle du dieu, au temple de Delphes, au sujet du meurtre d'Iphytus, la sibylle ne lui rendit pas une réponse favorable. Il enleva le trépied du temple, malgré les prêtres qui s'y opposaient ; mais il fut si touché des reproches de la sibylle, qu'il lui remit le trépied entre les mains. Les artistes ont pensé qu'il était plus poétique de représenter Apollon lui-même reprenant le trépied à Hercule (1) ; *scarabée* (2), *cornaline*.

Ce sujet se retrouve sur un bas-relief du Musée royal, n° 49 (3.)

366. Hercule étouffant le lion de Némée; *ébauche, jaspe rouge*.

367. Même sujet : ΕΚΥΛΗΣ ΘΗ.; *jaspe rouge*.

368. Hercule tuant l'hydre de Lerne ; *scarabée, cornaline*. Mariette, pl. 132.

369. Hercule portant à Eurysthée le sanglier d'Erymanthe ; *pâte antique*.

370. Hercule tenant un arc ; *agate*.

371. Hercule tuant les oiseaux de Stymphale ; *cornaline*.

372. Hercule assommant Diomède ; *cornaline*. Mariette, pl. 77.

373. Hercule portant le ciel pour soulager Atlas ; *prase*. Mariette, pl. 78.

374. Hercule tenant la pomme du jardin des Hespérides ; *jaspe sanguin*. Mariette, pl. 79.

375,376. Hercule vaincu par l'Amour; une *agate*, un *jaspe rouge*. Mariette, pl. 81.

---

(1) Caylus, t. 4, p. 103, pl. 34, 5; Winckelman, *Hist. de l'art*, liv. 6, chap. 6, § 57.

(2) Les anciennes pierres gravées égyptiennes et étrusques ont, d'un côté, la forme d'un scarabée, et les figures sont gravées sur le plat. On n'a, dans la suite, conservé que la partie plate, pour la monter en bague ou en cachet.

(3) De Clarac, *Musée de sculpture anc. et mod.*, t. 2, p. 250, pl. 119.

377. Hercule et Omphale; *pâte antique.*

378. Repos d'Hercule; *cornaline.* Mariette, pl. 84.

379. Hercule et OEdipe; *cornaline.* Mariette, pl. 87.

380. Hercule et Iole; *pâte antique.*

381, 382. Omphale portant les dépouilles d'Hercule ; une *sardoine*, une *cornaline.*

383. Combat des Centaures et des Lapythes ; *cornaline.*

384. Centaure; *scarabée, cornaline.*

385. OEdipe devant le Sphinx; *ébauche, améthyste.* Mariette, pl. 88.

386, 387. Même sujet; *cornaline.*

388, 389. Sphinx ; *cornaline.*

390. Tydée expirant (TYTE); *agate.* Ancien style (1).

391. Castor et Pollux ; *jaspe.*

392. Castor et Pollux ; *scarabée, cornaline.*

393. Achille affligé de la mort de Patrocle, entouré de trois héros; *pâte antique.*

394. Achille jouant de la lyre. Cette pierre fut donnée au roi, vers 1680, par M. Fesch, professeur en droit, à Bâle (2). C'est l'intaille la plus parfaite qui soit dans le cabinet. La matière est une superbe améthyste, et le nom de *Pamphile* (ΠΑΜΦΙΛΟΥ), qui y est gravé, ajoute à sa rareté.

Cette pierre est gravée dans l'ouvrage de Stosch sur les pierres avec des noms de graveurs, pl. 47, et dans celui de Bracci, pl. 90. Une cornaline représentant le même

---

(1) Lanzi, *Saggio di lingua etrusca*, pl 2, n° 9; Millin, *Gal. mythol.*, t. 2, p. 55, pl. 140, n° 509; Winckelm., *Mon. inéd.*, n° 107.

(2) *Réflexions critiques sur la poésie et la peinture*, par l'abbé Dubos, t. 2 p. 224. Il prend ce sujet pour un *Apollon actiaque.* Il n'avait pas songé que cet Apollon, ainsi nommé de la victoire remportée par Auguste à Actium, était vêtu d'une longue robe comme l'Apollon Palatin. C'est ainsi qu'on le voit sur les médailles d'Auguste, avec la légende ACT. IMP. X. et XII.

sujet, et appartenant au duc de Devonshire, est aussi rapportée dans ces deux ouvrages; mais Bracci pense, d'a-
près l'avis de l'habile graveur Pikler, que cette pierre
n'est qu'une copie de celle du cabinet de France.

Le même sujet se trouve gravé sur une cornaline dans la
collection du prince Stanislas Poniatowski, au n° 196.
Le nom de Pamphile ΠΑΜΦΙΛΟΣ s'y trouve au nominatif.
Le héros est assis devant un cippe, sur lequel est une
urne très-ornée. La gravure, la composition et les acces-
soires sont dans un style évidemment moderne. (Raspe,
Catal. de Tassie, n° 9216. Lippert. II, n° 141).

On sait, au reste, que la collection du prince Poniatowski, qui renferme douze cents et quelques intailles,
presque toutes avec des noms de graveurs, n'en contient
peut-être pas une seule antique.

395. Achille traînant derrière son char le corps d'Hector; *cornaline*.
396. Ménélas relevant le corps de Patrocle; *sardonyx*. Cette
pierre est décrite dans Mariette, t. 2, pl. 114, sous le
titre de *Piété militaire*. Un beau groupe du musée de
Florence représente le même sujet (*Voyez* Rossi, *Recueil de statues antiques*, 1704). Millin a donné la véritable explication de ce sujet homérique. (*Voyez Peintures de vases*, pl. 71, n° 3, et *Galerie mythologique*,
t. 2, pl. 70, n° 582, et pl. 557, n° 583.
397. Machaon pansant la blessure de Ménélas; *pâte antique*.
398. Ajax, après sa folie, ayant tué les bœufs qu'il prenait pour
des Grecs; *pâte antique*.
399. Le cheval de Troye, d'où sortent les Grecs. Pâte de verre
antique, gravée dans Winckelman (*Monum. inéd.* t. 1er,
p. 140.

Donnée par M. Dubois, sous-conservateur des antiques du
Musée royal.

400. Cassandre se réfugiant près de l'autel de Minerve ; *pâte antique*.

401. Oreste suppliant ; *cornaline*.

402. Oreste et Pylade devant Iphigénie ; *pâte antique*.

403. Enée portant son père Anchise, et donnant la main à As-cagne ; *pâte antique*.

404. Ulysse assis à la porte de sa maison. APICTONOC, nom du graveur Ariston ; *jaspe rouge*.

405. Têtes accollées d'Ulysse et Pénélope (attribution in-certaine); *cornaline*.

406. Un guerrier combattant, accroupi derrière son bouclier; *cornaline*.

407. Jeune héros ; *sardonyx*.

408. Héros à genoux, appuyé sur sa massue, portant le corps d'un jeune guerrier blessé ; *pâte antique*.

ICONOGRAPHIE GRECQUE.

409. Ésope ; *sardoine*.

410. Diogène et Aristippe ; *pâte antique*.

411 à 414. Têtes de Socrate ; une *cornaline*, une *sardoine*, un *jaspe rouge*, un *onyx-nicolo*. Mariette, n° 38.

415. Alexandre, roi d'Epire : AAE. EΠ. B. ; *silex* (1).

416. Grec inconnu, publié sous le nom de Miltiade ; *cornaline*.

417. Un Séleucide, peut-être Antiochus-le-Grand ; *cornaline*.

418. Ptolémée-Philopator ; *cornaline*.

419. Ptolémée-Dionysius; *sardoine*. Mariette, n° 89.

420. Mithridate ; *sardoine*. Mariette, n° 84.

421. Autre ; *cornaline*.

422. Roi d'Asie inconnu, appelé *Ptolémée Philopator*, par Ma-riette, n° 87. Au-dessous : AYAOY, nom du graveur AULUS, inscription ajoutée ; *sardoine*.

423. Roi d'Asie inconnu; *prase*. (Caylus, tome VI, pl. 42.)

---

(1) Caylus, t. 5, pl. 53, 4.

424. Personnage inconnu ; *cornaline*. Mariette, n. 88.

425. *Ousas*, prince d'Ibérie On lit autour :

OΥCAC ΠΙΤΙΑΞHC, IBHPωN KAPKHΔωN.

Ousas Pitiaxès, des Ibères carchédiens. (Sous entendu *prince.*)

Cette région était située au pied du Caucase, et voisine de la lisière septentrionale de l'Arménie. Son histoire est presque inconnue (*Voyez* Visconti, *Iconographie grecque*, tome II, p. 269, pl. 45, n. 10).

426 à 439. Ces numéros représentent des têtes inconnues qui ne méritent pas de description particulière.

440. Juba, roi de Mauritanie ; *lapis-lazuli*. Mariette, n. 31.

441. Roi d'Arménie ; *grenat*.

442. Roi de Perse assis sur son trône et tenant le sceptre ; *pâte antique*.

443. Roi sassanide à cheval, entouré d'une inscription ; *améthyste*. Raspe, *Catalogue*, n° 677.

444 et 445. Têtes de rois sassanides avec des inscriptions ; *cornal*. Raspe, *Catal.*, n°s 673, 675. ; Montf., t. 3, p. 16.

446. Autre tête de roi sassanide sans inscription ; *grenat*.

HISTOIRE ROMAINE.

447. La déesse Rome, assise, portant la Victoire ; *onyx-nicolo*.

448. Le génie de Rome présentant la Victoire au dieu Mars, qui est sur un autel, MAR. VIC. (*Marti Victori*) ; *agate*. Mariette, pl. 99.

449. La louve allaitant Romulus et Remus ; *prase*.

450. Même sujet ; *agate*.

451. Faustulus trouvant Romulus et Remus avec la louve : et le buste de Rome ; *pâte antique*.

452. Curtius se précipitant dans le gouffre ; *prase*. Mariette.

453, 454. Auguste et Livie ; *cornalines*.

455. Le capricorne : revers de quelques médailles d'Auguste ; *prase*.

456. Mécénas. ΔΙΟCΚΟΥΡΙΔΟΥ ; *améthyste.*

Ce portrait avait passé long-temps pour celui de *Solon*, parce qu'il se trouvait sur une pierre portant ce nom, qui est celui d'un graveur. Philippe, duc d'Orléans, régent, a le premier réfuté cette idée ; c'est ce que rapporte Baudelot dans sa lettre sur le prétendu Solon des pierres gravées. Bracci réfute aussi l'idée que ce pourrait être *Cicéron.*

Sans que l'on puisse attester que cette pierre représente *Mécénas*, l'homme le plus considérable du siècle d'Auguste, cette conjecture est pourtant la plus vraisemblable. (*Voyez* Stosch, *Pierres avec les noms des graveurs*, pag. 35, pl. 27 ; Bracci, tom. 2, pag. 35, pl. 59.) Mariette, *Têtes*, n° 49.

457. Mécénas ; *jaspe rouge.* Mariette, n. 94.

458. Antonia en prêtresse ; *améthyste.* (*Voyez* le *Trésor de numismatique et de glyptique ;* et Raspe, *Catal.*, n° 1793.

459. Néron ; *cornaline.*

460. Néron et Poppée ; *prase.*

461. Galba ; *agate.*

462. Othon ; *cornaline.*

463. Julie, fille de Titus, ΕΥΟΔΟC ΕΠΟΙΕΙ, gravée par Evodus sur une grande aigue-marine. On voit encore l'ancienne monture de cette pierre qui surmontait une pièce conservée dans le trésor de Saint-Denis, et nommée l'oratoire de Charlemagne. (*Voyez* Stosch, p. 45, pl. 33 ; Bracci, t. 2, p. 101, pl. 74.)

464. Hadrien ; *onyx-nicolo.*

465. Sabine ; *cornaline.*

466. Hadrien et Sabine ; *onyx-nicolo.*

467. Antinoüs ; *cornaline fragmentée*, avec une inscription ajoutée en mauvaises lettres romaines...... ΙΟ COSTANS....

468. Antinoüs ; *onyx-nicolo.*

469. Antonin ; *onyx-nicolo.*

470. Faustine la mère ; *lapis-lazuli.*

471, 472. Faustine la jeune ; une *cornaline*, un *jaspe rouge.*

473. Commode ; *aigue-marine*. (*Voy.* Buonaroti , *Medaglioni antichi* , pl. 146.)
474. Commode ; *améthyste*.
475. Septime Sévère et Caracalla ; *sardonyx*.
476. Caracalla ; *améthyste*. Cette pierre provient de la couverture d'un manuscrit apporté de Rome. On y a gravé les mots O ΠΕΤΡΟC pour en faire un saint Pierre, et on lui a ajouté sur l'épaule une croix.
477. Caracalla ; *améthyste*.
478. Plautille ; *onyx-nicolo*.
479. Pescennius Niger ; *jaspe rouge*. Vœu à Esculape pour la santé de ce prince. (*Voy.* l'explication de cette pierre dans une dissertation de M. de Boze sur la déesse *Salus*, dans les *Mémoires de l'Académie des inscriptions*, 1705.)
480. Julien ; *cristal de roche*. Mariette, n° 82.
481. Tête gravée sur une bague antique en bronze , et qui paraît être un portrait du temps de Julien, peut-être celui de cet empereur, barbu.
482 à 497. Têtes inconnues.

DEUXIÈME MONTRE.

DEUXIÈME DIVISION.

JEUX ET COMBATS DU GYMNASE ET DES CIRQUES.

498. Jeune homme tenant un strigile : ΓΝΑΙΟΥ ; *onyx-nicolo*.
499. Lutteurs ; *pâte antique*.
500. Homme dansant la pyrrhique ; *sardoine*.
501. Homme tenant une palme ; *améthyste*.
502. Cheval en course ; *cornaline*.
503. Deux chevaux attelés ; *sardoine*.
504. Cavalier ; *cornaline*.
505, 506. Cavalier courant ; *cornalines*.
507. Cavalier tenant une palme ; *prase*.

508 à 510. Homme conduisant un quadrige; deux *cornalines*, un *jaspe rouge.*

511. Athlète triomphant dans un quadrige, portant une couronne et une palme, précédé d'un homme à cheval. CN. F. M.; *cornaline.* Mariette, pl. 103

512. Triomphateur portant une palme, conduisant un char attelé de vingt chevaux; *chalcédoine.* Caylus, t. 1, pl. 60, 4.

513. Guerrier combattant; *pâte antique.*

514. Guerrier armé combattant; *jaspe rouge, monté dans une bague antique en bronze.*

515. Guerrier vainqueur ôtant ses armes devant l'autel de la Victoire qui le couronne; *cornaline.*

516. Guerrier armé; derrière lui la Victoire portant une palme et une couronne; *sardonyx.*

517. Guerrier vaincu, écrivant sur un bouclier, vulgairement appelé OTRYADE; *pâte antique.*

518. Prisonnier les mains liées derrière le dos; *grenat.*

ARTS ET MÉTIERS.

519. Un homme assis tenant une tablette couverte d'anciens caractères grecs; devant lui une table à trois pieds. Style ancien; *cornaline.* Ficoroni, *Gemm. rar.,* pl. 5, 4.

520. Un homme écrivant ou dessinant sur une tablette, avec un *style,* devant une colonne, au pied de laquelle est une tête de femme. Ancien style; *cornaline.*

521, 522. Sculpteur fabricant un vase; un *onyx-nicolo,* une *cornaline.*

523. Attributs des arts. Une lyre, un vase, une double flûte, une tête, une couronne de laurier et un papillon; *cornaline.*

SCÈNES CHAMPÊTRES.

524. Un chasseur armé d'un javelot; *cornaline.*

525. Chasseur portant un lièvre sur son épaule; *onyx-nicolo,* monté dans une bague antique en bronze.

526. Chasseur avec ses chiens ; *onyx–nicolo*.

527 à 530. Berger avec sa chèvre ; deux *prases*, une *cornaline*, un *jaspe*.

531. Pâtre ayant deux brebis à ses pieds, en portant une sur ses épaules.

532, 533. Sacrifice champêtre; un *onyx–nicolo*, un *jaspe vert*.

ANIMAUX ET SUJETS DIVERS.

534. Lion portant un vase : ΕΥΠΟCΙΑ ; *jaspe jaune*.

535 à 537. Chiens ; une *prase*, une *sardoine*, un *nicolo*.

538. Chiens chassant un cerf; *cornaline*.

539. Deux vaches ; *cornaline*.

540. Un bouc et un bélier; *cornaline*.

541. Une tête d'Antilope et une de cheval adossées : dessous, un bouclier; *nicolo*.

542. Un dauphin sur une galère : FEL. TEM. RED., *Felicitas temporum redux* ; *jaspe*.

543. Lion marin, dauphin et trident ; *cornaline*.

544. Crocodile combattant un *uræus* ou basilic, dans un champ de papyrus. Scène égyptienne ; *cornaline*.

545 à 555. Oiseaux divers.

556. Scorpion ; *sardonyx*.

557. Deux *modius* pleins d'épis et une palme dans une couronne de laurier.

558. Épis dans un *modius*, et des balances ; *prase*.

559. Feuille de vigne ; *sardonyx*.

560. Casque ; *cornaline*.

561. Vase ; *sardoine barrée*.

562 à 564. Deux mains jointes ; une *cornaline*, deux *sardoines*.

565 à 567. Deux mains jointes tenant des épis ; *sardoine*, *nicolo*, *prase*.

568. Emblème ityphallique ; *agate*.

569 à 592. Chimères, allégories, figures associées. *Grylli*, etc.

593 à 600. Inscriptions grecques.

601 à 625. Inscriptions romaines.

Ces inscriptions seront décrites dans une *notice* particulière,
avec celles des marbres.

626, 627. Figures avec des inscriptions orientales ; une *cornaline*, un *cristal*.

628 à 638. Inscriptions orientales.

ABRAXAS, TALISMANS,

PIERRES GNOSTIQUES ET BASILIDIENNES.

La plupart de ces pierres gravées, que l'on nomme généralement des *abraxas*, parce que ce mot s'y trouve souvent gravé,
sont des talismans ou des amulettes auxquels la superstition
prêtait des vertus particulières. On nomme encore ces pierres
basilidiennes, parce qu'elles ont commencé à être répandues par
les sectateurs d'un hérésiarque nommé Basilide, qui eut, dit-
on, pour maître, Simon le magicien, et qui vivait du temps
d'Hadrien. On sait que cet empereur était fort adonné aux su-
perstitions des Égyptiens. Ces pierres sont aussi appelées *gnos-
tiques*, du nom d'une secte qui avait adopté les rêveries de Basilide, qui lui-même avait emprunté à la philosophie pythagori-
cienne ses théories sur les nombres. Le nom de Gnostique, dérivé
du grec, signifie savant, éclairé, illuminé : on le donna à plusieurs hérétiques des premiers siècles.

Les pierres basilidiennes sont, quant à la gravure, de mauvaises imitations de l'art grossier des Égyptiens ; elles représentent plusieurs de leurs divinités. Les figures d'hommes et d'animaux que l'on y voit sont presque toujours accompagnées de
celles des astres, et d'inscriptions grecques, la plupart du temps
incompréhensibles. Elles sont ordinairement gravées sur des matières peu précieuses, et presque toujours sur des *hématites*.

La collection du Cabinet des médailles en contient des plus
anciennes, et d'autres qui ont été gravées lorsque ces supersti-
tions ont été renouvelées, à l'époque de Marie de Médicis, qui

était fort entêtée de l'astrologie. Une grande quantité de ces pierres sont publiées dans Montfaucon (1), et dans Caylus (2). On y trouve presque toutes celles qui sont dans notre Cabinet, et d'autres tirées de diverses collections. Elles sont dans cette *montre*, sous les n°ˢ 639 à 671.

TROISIÈME MONTRE.

SUPPLÉMENT AUX PIERRES GRAVÉES ANTIQUES.

672 à 700. Suite des Abraxas.

21 A. — Jupiter entre Junon et Minerve ; *chalcédoine.*

27 A. — Tête d'aigle ; *cornaline.*

29 A. — Aigle ; *id.*

38 A. — Aigle entre deux *modius* ; *jaspe.*

40 A. — Junon ; *cornaline.*

105 A. — Pallas ; *jaspe rouge.*

126 A. — Vénus marine ; *prase.*

127 A. — Vénus ; *sardonyx.*

194 A. — Cérès assise ; *jaspe.*

200 A. — Buste de Bacchus ; *cornaline.*

201 A. — Bacchus debout ; *sardoine.*

221 A. — Faune portant une amphore ; *pâte antique.*

239 A. — Tête de faune avec le *pedum* ; *sardonyx.*

241 A. — Masque comique ; *jaspe rouge.*

349 A. — Pégase ; *cornaline.*

352 A. — Jason ; *pâte antique.*

407 A. — Figure inconnue ; *améthyste.*

439 A. — Tête inconnue ; *sardonyx.*

454 A. — Auguste et Livie ; *cornaline.*

459 A. — Néron ; *agate.*

568 A. — Allégorie ; *jaspe rouge.*

---

(1) **T. 2**, p. 353 et suiv.

(2) **T. 6**, pl. 20 et suiv.

571 A. B. — Deux *Grylli; cornaline.*

651 A. — Un lézard avec une inscription basilidienne ; *jaspe.*

PIERRES ORIENTALES.

626 A. — Figure tenant une massue, assise sur un lion ; *cornaline.*

626 B. — Tête d'un roi ; *lapis-lazuli.*

626 C. — Un lion ; *cornaline.*

626 D. — Figure sur une fleur, et caractères ; *pâte antique.*

PIERRES GRAVÉES, IMITÉES DE L'ANTIQUE.

INTAILLES.

C'est au XVe siècle, et à l'époque où la protection des Médicis fit refleurir les arts en Italie, et surtout à Florence, que la gravure sur pierres, comme celle des médailles, reparut avec éclat. Depuis ce temps, les Italiens ont continué de graver des pierres qui ont long-temps rempli les collections à l'époque où la critique n'était pas encore très-avancée, et ils en vendent encore aujourd'hui à tous les voyageurs et aux *touristes*, qui regardent comme *des antiques* tout ce qu'on leur vend pour tel. Au surplus, ces pierres sont souvent d'un fort beau caractère, d'un travail charmant, et faites dans le sentiment de l'antique. On peut citer parmi les graveurs modernes : Marchant, Brown, Siries, et surtout le célèbre Pikler et son fils. Les derniers artistes qui ont marqué dans ce genre, sont : Gadès, Réga, Santarelli, et enfin Pistucci et Girometti, qui vivent encore.

MYTHOLOGIE.

DIEUX DU CIEL.

701. Saturne ; *agate.* Mariette, pl. 2 (1).

702. Sacrifice à Saturne ; *jaspe.* Mariette, pl. 3.

---

(1) Dans l'ouvrage de Mariette, les *sujets* occupent la première partie, que nous distinguerons par les lettres *pl.* ; dans la seconde, sont les *têtes*, indiquées par des n[os]. On verra que la moitié des pierres qu'il a publiées est moderne.

703, 704. Têtes de Jupiter; une *cornaline*, une *sardoine*. Mariette, n. 2.

705. Jupiter entre Mars et Mercure, au-dessous Neptune, autour le zodiaque; *cornaline*. Mariette, pl. 1.

706. Tête de Junon; *cornaline*. Mariette, n. 3.

707 à 709. Têtes d'Apollon; une *sardoine*, une *cornaline*, une *améthyste*. Mariette, n. 11.

710. Apollon assis tenant la lyre; *lapis-lazuli*. Mariette, pl. 12.

711, 712. Apollon et un génie; *cornaline*. Mariette, pl. 14 et 16.

713. Apollon et une Muse près d'un terme de Pan; *cornaline*. Mariette, pl. 15.

714. Apollon et Marsyas. Le petit Faune qui doit écorcher Marsyas est à genoux et supplie Apollon.

Dans le groupe souvent représenté d'Apollon et Marsyas, on voit le Scythe qui doit l'écorcher, aiguisant son couteau. Cette figure se retrouve dans le célèbre *Arrotino* de Florence, dont on voit une copie en bronze aux Tuileries. On regardait ce personnage comme l'esclave *Vindex* qui écoutait la conspiration des fils de Brutus, ou *Milichus* qui instruisit Néron de celle de Pison. Les lettres LAUR MED annoncent que cette pierre appartenait à Laurent de Médicis, ou qu'elle avait été gravée par son ordre; *cornaline*. Mariette, pl. 13.

715. Même sujet; *jaspe sanguin*.

716. Apollon dans un bige : autour, les signes du zodiaque; *jaspe sanguin*.

717. Buste d'Esculape; *cornaline*.

718. Esculape; *cornaline*. Mariette, pl. 54.

719. Même sujet.

720. Buste d'Hygiée, déesse de la santé, tenant une coupe et un serpent; *sardoine*. Mariette, n. 16.

721. Hygiée; *agate*. Mariette, pl. 56.

722. Cigogne, emblème de la santé; *onyx-nicolo*.

723. Diane et un chien; *jaspe*.

724, 725. Chasses; *cornaline*. Mariette, pl. 123 et 124.

726 à 729. Têtes de Minerve; une *chalcédoine*, deux *cornalines*, une *prase*.

730 à 731. Têtes de Méduse; une *agate*, une *cornaline*. Mariette, n. 78, 105.

732. Tête de Méduse, autour le zodiaque; *jaspe sanguin*. Mariette, n. 35.

733, 734. Buste de Mars; *cornaline*. Mariette, n. 7.

735. Mars; *cornaline*. Mariette, pl. 112.

736. Mars près d'un autel, couronné par la Victoire; *prase*.

737. Mars, Vénus et l'Amour; *prase*. Mariette, pl. 20.

738. Deux guerriers et une femme tenant une couronne de laurier; sujet appelé par Mariette : *Athlète demandant le prix de sa victoire*, pl. 38.

739. Combat de cavalerie; *cornaline*. Mariette, pl. 108.

740, 741. Ovation ou petit triomphe; *cornaline*. Mariette, pl. 109.

742. La Paix et l'Abondance; *agate*. Mariette, pl. 115.

743. Allégorie de la Paix; *agate*.

744. Tête de Vénus; *chalcédoine*. Mariette, n° 10.

745. Idem; *cornaline*.

746. Vénus et l'Amour; *cornaline*. Mariette, pl. 22.

747. Vénus portant un flambeau, précédée de l'Amour; *cornal*.

748. Vénus victorieuse et l'Amour; *cornaline*. Mariette, pl. 25.

749. L'Amour et la Fidélité; *cornaline*. Mariette, pl. 91.

750. Mercure devant une colonne; *prase*. Mariette, pl. 28.

751, 752. Hermaphrodites; une *cornaline*, un *jaspe*. Mariette, pl. 26.

753. Tête de Cérès. Imitation des médailles de Syracuse; *sardoine*. Mariette, n. 37.

754. Tête de Cérès; *cornaline*.

755. Cérès tenant une faucille et des épis; *jaspe sanguin*. Mariette, pl. 31.

756. Tête de Bacchus indien; *cornaline*. Mariette, n. 21.

757. Tête de Bacchus indien; *jaspe vert*. Mariette, n° 100.

758. Autre; *sardoine*.

759. Bacchus et Cérès sur un char traîné par des lions; *agate*. Mariette, pl. 32.

760. Bacchus entre un faune et un satyre; *sardoine*. Mariette, pl. 37.

761. Bacchus et Silène : un guerrier les couronne ; *cornaline*. Mariette, pl. 38.

762. Triomphe de Silène ; *jaspe sanguin*. Mariette, pl. 36.

763. Silène et un jeune homme sacrifiant sur un autel; *cornaline*. Mariette, pl. 33.

764. Tête de Pan; *cornaline*. Mariette, n. 27.

765. Pan jouant de la flûte devant un autel, près duquel est un bouc; *sardonyx*. Mariette, pl. 45.

766. Satyre découvrant une nymphe; *cornaline*.

767. Faune assis devant un vase, et tenant une outre ; *cornaline*.

768. Terme du dieu Terme; *sardonyx*. Mariette, n° 28.

769, 770. Têtes de Bacchantes; *cornalines*.

771. Bacchante ou Ménade en délire; *cornaline*.

772. Homme sacrifiant sur un autel; *sardoine*. Mariette, pl. 44.

773. Petite pierre très-célèbre, connue sous le nom de *cachet de Michel-Ange*. Cette cornaline représente des vendanges, et porte dix-huit figures gravées avec la plus grande finesse. Elle a été le sujet de plusieurs dissertations (1). Les uns ont contesté son antiquité; d'autres l'ont attribuée au graveur *Allion* (2). M. *de Murr* pense qu'elle est l'ouvrage de *Maria di Pescia*, célèbre graveur et ami de Michel-Ange, qui s'est désigné par le petit pêcheur que l'on voit à l'exergue. Louis XIV a

---

(1) *Voyez* les *Mémoires de l'Académie des inscriptions et belles-lettres*, t. 1, p. 227.

(2) A cause du mot grec Ἁλιεύς, pêcheur.

porté cette pierre en bague. Elle provenait de M. Lautier, d'Aix en Provence, chez qui l'on avait retrouvé les mêmes pierres gravées que Henri IV avait eu dessein d'acheter de Bagarris ; il les avait eues à bon compte de cet antiquaire (1). Son fils les vendit au roi en 1680. On assure que Michel-Ange avait payé son cachet 800 écus (2).

774, 775. Vendanges ou fêtes de Bacchus ; *cornaline*.

776 à 780. Sacrifices ; quatre *cornalines* et une *agate*. Mariette, pl. 43, 51, 64, 66, 121.

781. Sacrifice. Cette pierre est gravée à la tête de l'ouvrage de Bagarris, intitulé : *Nécessité de l'usage des médailles dans les monnaies*. Paris, Berjon, 1611 (*Voyez* la seconde partie de cet ouvrage); *jaspe sanguin*. Mariette, pl. 65.

782. Sacrifice dans un temple ; *cornaline*. Mariette, pl 53.

783. Vulcain coupant les ailes de l'Amour que Vénus tient près de son enclume ; *jaspe rouge*. Mariette, pl. 21.

784. Homme forgeant un casque ; *cornaline*. Mariette, pl. 127.

785. Tête de divinité marine devant un dauphin; *cornaline*. Mariette, n. 9.

TROISIÈME MONTRE.

DEUXIÈME DIVISION.

786. L'Abondance ; *cornaline*. Mariette, pl. 116.

787. L'Amitié ; *jaspe sanguin*.

788. Morphée distribuant ses pavots ; *jaspe sanguin*. Mariette, pl. 60.

789 à 798. Têtes d'Hercule.

---

(1) Mariette, *Recueil de pierres gravées*, t. 2, p. 9.
(2) Baudelot, *Utilité des voyage*, t. 1, p. 389.

799. Hercule brûlant les têtes de l'Hydre ; *cornaline*. Mariette, pl. 75.

800. Hercule enchaînant Cerbère; *jaspe sanguin*. Mariette, pl. 80.

801. Hercule jouant de la lyre ; *cornaline-onyx*. Mariette, pl. 82.

802. Hercule debout ; *cornaline*. Mariette, pl. 83.

803. Repos d'Hercule ; *cornaline*. Mariette, pl. 85.

804. Cacus enlevant les bœufs d'Hercule ; *lapis-lazuli*. Mariette, pl. 89.

805. Persée tenant la tête de Méduse devant Minerve ; *cornaline*.

806. Diomède enlevant le palladium ; *cornaline*. Mariette, pl. 94.

807. Buste de Laocoon ; *cornaline*.

808. Groupe de Laocoon : *cornaline*. Mariette, pl. 95.

809. Héros devant une colonne ; *cornaline*.

810. Lycurgue : ΣΠΑΡΤΗ : *cornaline*. Mariette, n° 95.

811. Alexandre et Bucéphale ; *cornaline*.

812. Alexandre faisant placer les œuvres d'Homère dans une riche cassette. Copie d'une estampe gravée par Marc-Antoine, d'après Raphael d'Urbin ; *chalcédoine*. Mariette, pl. 96.

813, 814. Têtes de Socrate ; *cornaline*. Mariette, n. 98, 99.

815. Pyrrhus, roi d'Épire; *sardoine*. Mariette, n° 85.

816. Un Ptolémée; *cornaline*. Mariette, n° 90.

HISTOIRE ROMAINE.

817. Buste de la déesse Rome ; *chalcédoine*.

818. Mutius Scévola devant Porsenna : COSTACIOR ; *cornaline*. Mariette, pl. 100.

819. Scipion rendant à Allucius son épouse ; *agate*. Mariette, pl. 101.

820. Caton le censeur : CAT. CEN.; *cornaline*. Mariette, n. 44.

821. Jugurtha livré à Sylla; *cornaline*. Mariette, pl. 102.

822. Brutus; *agate-onyx*, donnée, en 1792, par M. de Ville-neuve du Devant, qui en avait fait hommage à la convention nationale.

823. Têtes accolées des triumvirs Marc—Antoine, Lépide et Auguste; *jaspe fleuri*. Mariette, n. 48.

824. Lépide; *nicolo*. Mariette, n. 47.

825. Les douze Césars autour d'un masque à dix faces; *onyx-nicolo*.

826. Têtes de Jules César; *agate-onyx*. Mariette, n° 41.

827 à 830. Têtes de Jules César; un *jaspe-sanguin*, un *grenat*, une *cornaline*, un *onyx-nicolo*.

831. César debout et une autre figure; *lapis-lazuli*.

832. Auguste radié ; *cornaline*. Mariette, n° 51.

833. Auguste; *agate*. Mariette, n° 50.

834. Autre avec le mot ΔΙΟΟΚΟΡΙΑΟΥ ; *jaspe noir*.

835, 836. Auguste.

837. Têtes accolées d'Auguste et Livie; *sardoine*. Mariette, n° 52.

838. Mecène : ΔΙΟΟΚΟΡΙΑΟΥ ; *cornaline*. Copie du n° 456.

839, 840. Claude; une *sardoine*, un *saphir*.

841, 842. Néron; une *cornaline*, une *sardoine*.

843. Sénèque; *cornaline*. Mariette, n° 103.

844, 845. Galba; une *sardoine*, une *cornaline*. Mariette, n° 59.

846. Othon ; *cornaline*.

847, 848. Vitellius; une *cornaline*, une *sardoine*.

849. Vespasien ; *cornaline*.

850. Vespasien. Au revers, la Judée captive; *jaspe fleuri*. Mariette, n° 60, pl. 105.

851. Domitien; *cornaline*. Mariette, n° 62.

852. Trajan combattant un lion : C. RANIANI ; *cornaline*. Mariette, pl. 106.

853 à 857. Hadrien; *deux agates*, une *chalcédoine*, *deux cornalines*, une *prase*. Mariette, n° 64.

858. Sabine; *lapis-lazuli*.

859. Antinoüs; *agate*.

860, 861. Faustine mère, femme d'Antonin; un *lapis*, un *jaspe vert*. Mariette, n. 67, 68.

862. Lucius Verus; *cornaline*. Mariette, n. 72.

863 à 865. Commode; *cornaline*. Mariette, n. 69.

866. Pertinax; *saphir*. Mariette, n. 77.

867. Julia Domna; *prase*. Mariette, n. 78.

868, 869. Géta; *cornalines*.

870. Maximin; *nicolo*. Mariette, n. 80.

871. Bataille de Constantin : OP. N. S. *(opus Nessarii scalptoris)*, gravure de Matteo del Nassaro. Mariette, pl. 107.

872. Attila; *cornaline*.

Parmi les têtes inconnues, nous signalerons celles qui sont gravées dans Mariette : sur cent têtes qu'il a publiées, il n'y en a qu'une vingtaine d'antiques.

873. Pergamus; *jaspe*. Mariette, n° 83.

874. Tête barbue, montée dans une bague de bronze émaillé, sur laquelle on a écrit le nom de COTTVS.

875. Le Génie du sénat; *chalcédoine*. Mariette, n. 104.

876. Romain inconnu, Tite-Live, selon Mariette, n° 46.

877, 878, 879, 880. Romains inconnus.

Têtes de femmes inconnues, avec les attributions de MARIETTE.

881. Sapho; *améthyste*. Mariette, n° 97.

882. Sibylle; *sardoine*. Mariette, n. 107.

883. Livie en Vesta; *cornaline*.

884. Livie en Junon; *chalcédoine*. Mariette, n. 54.

885. Julie; *agate*. Mariette, n. 56.

886. Flaminia; *agate*. Mariette, n. 112.

887. Femme inconnue; *cornaline*. Mariette, n. 113.

888, 889. Femmes inconnues; une *agate*, une *chalcédoine*.

HISTOIRE MODERNE.

890. Philippe II et don Carlos : PHI. REX HISP. CARO. PHIL. FIL., 1566. Ouvrage de Jac. de Trezzo, Milanais; *topaze du Brésil*. Mariette, n° 119.

891. Alexandre de Médicis, duc de Florence; *cristal*. Mariette, n° 120.

892. Sixte–Quint; *grenat*. Mariette, n° 121.

893. François Ier; *chalcédoine*. Ouvrage de Matteo del Nassaro. Mariette, n° 118.

894. Catherine de Médicis; *sardoine*. Mariette, n° 125.

895. Henri IV; *émeraude*, gravée par Coldoré. Mariette, n° 122.

896. Le même; *grenat*.

897. Marie de Médicis; *jaspe vert*, gravé par Coldoré. Mariette, n° 123.

898. Louis XIII, jeune, par Coldoré; *jaspe vert*. Mariette, n° 124.

899. Jaquot; tambour–major du régiment du roi, 1751.

900. Le jeune dauphin, mort à Meudon en 1785, gravé par M. Jeuffroy; bague que Louis XVI portait au Temple.

901. Charles X; *cornaline*.

902. Le duc d'Angoulême; *cornaline*.

903. Le duc de Berry; *cornaline*.

104. Louis–Philippe; *cornaline*.

Ces quatre pierres ont été gravées par M. Simon.

905, 906. Têtes inconnues.

SUJETS DIVERS.

907. Joueur de cerceau; *chalcédoine*, gravée, dit-on, par Pikler (1). (*Voyez* Raspe, *Catalogue de Tassie*, pl. 47, n° 1861; et Winkelmann, *Mon. inéd.*, n° 196.)

---

(1) P. 545, pl. 6.

7*

908. Augure étrusque ; *chalcédoine.*

909. Sainte Anne et la Vierge ; *silex.*

910. La Vierge tenant l'Enfant-Jésus , *sardonyx.*

911, 912. Bracelets de Mme de Pompadour.

913 à 922. Amours, sujets gravés par Gay pour Louis XV. Ces pierres ont été gravées à l'eau forte par Mme de Pompadour , dans un fort joli *Recueil,* conservé au Cabinet des estampes.

923. STATUE DU ROI, 1758.

924. Une flamme dans une couronne de myrthe et de laurier ; *sardonyx.*

925. Méduse ; imitation de celle de Solon par Jeuffroy, mort vers 1820.

926. Génie bachique dans un char traîné par un lion et un bouc, gravé par feu Jeuffroy ; *cornaline.* Mariette , pl. 46.

927. Athlète vainqueur, buvant dans une coupe ; *sardoine,* gravée par feu Jeuffroy.

928. Jeune homme couché.

CAMÉES ANTIQUES.

QUATRIÈME MONTRE.

PREMIÈRE DIVISION :

MYTHOLOGIE.

1. Tête de Cybèle tourelée et voilée ; *sardonyx,* 3 couches.

2. Tête de lion, de face, la gueule béante ; *turquoise.*

3. Lion à gauche ; *agate-onyx,* 2 couches.

4. Lion à droite ; *agate-onyx,* 2 couches.

5. Lion marchant à droite ; *agate-onyx,* 2 couches.

6. Lion couché à gauche ; *sardonyx,* 3 couches.

7. Tête de Jupiter à droite ; *agate-onyx* , 2 couches.

8. Amalthée nourrissant Jupiter ; à gauche une branche sur laquelle est posé un aigle ; *pâte antique*.

9. Jupiter debout, couronné de laurier , tenant le foudre et le sceptre ; à ses pieds un aigle. Un large manteau, jeté sur l'épaule droite , entoure ses reins et sa ceinture.

Superbe camée, qui avait été donné à la cathédrale de Chartres par Charles V.

A cette époque, on avait pris Jupiter pour saint Jean , à cause de l'aigle qui est à ses pieds ; de même qu'on avait fait un saint Jean du Germanicus conservé à Saint-Èvre de Toul. (*Voy.* n° 179). C'est pour cela qu'on lit sur la monture, et sur les deux faces , le premier verset de l'évangile selon saint Jean : IN PRINCIPIO ERAT VERBUM , etc. Les lettres rappellent , par leur forme, la dernière époque de l'écriture *caroline* , ce qui fait présumer que cette partie de la monture est du milieu du XIIe siècle. Par dessus cette monture on voit un encadrement de fleurs de lis et de dauphins qui paraît postérieur. En bas a été adapté un écusson émaillé , aux armes de France , surmonté d'une couronne royale ouverte, sur le large bandeau de laquelle on lit , en caractères gothiques : CHARLES. ROY. DE. FRANCE. FILS. DU. ROY. JEHAN. DONNA. CE. JOUYAU. L'AN M. CCC. LXVII. LE QUART. AN. DE. SON. REGNE. (*Trésor de numismatique* ; *Galerie mythologique* , pl. 5, n° 2.)

10. Jupiter Sérapis, la tête ornée du modius, tenant un aigle de la gauche, assis sur un siège à dossier ; à ses pieds, Cerbère ; *sardonyx* , 4 couches.

11. Jupiter enlevant Proserpine : fragment ; *agate-onyx*.

12. Europe tenant une couronne, et portée par un taureau nageant sur la mer ; *agate-onyx* , 2 couches.

13. Buste de Junon ceinte d'un bandeau et ornée de l'égide ; *sardonyx* , 2 couches.

14. Apollon à demi-nu, la main droite posée sur sa tête, te-

nant de la gauche une lyre posée sur la tête d'une Muse. Caylus, t. 5, pl. 66.

15. Apollon et Marsyas; *agate-onyx*, 2 couches.

16. Même sujet; *sardonyx*.

17. Lyre; *agate*.

18. Griffon attaqué par un serpent. On lit à l'exergue la fin du nom du graveur : ΜΙΔΙΟΥ (peut-être ΧΑΡΜΙΔΙΟΥ, *Charmidius*); *sardonyx*, 2 couch. (fragment.) Caylus, t. 1, pl. 53; Bracci, *Preuves*, pl. 25, n° 1.

19. Buste de Diane à droite; *agate-onyx*, 2 couches.

20. Buste de Diane ceinte d'un diadème; *sardonyx*, 2 couch.

21. Buste de Diane à droite, armée d'un arc et d'un carquois; *sardonyx*, 3 couches.

22. Buste de Diane armée d'un arc et d'un carquois, à droite; *agate-onyx*, 2 couches.

23. Diane debout dans un bige courant, à droite; *agate-onyx*, 2 couches.

24. Tête de Pallas à droite, le casque orné d'un Pégase; *sardonyx*, 2 couches.

25. Buste de Pallas, à gauche; *sardonyx*, 3 couches.

26. Tête de Pallas avec des pendants d'oreilles, le casque orné d'un griffon, à droite; *sardonyx*, 3 couches.

27. Buste de Pallas, à droite; *sardonyx*, 2 couches.

28. Buste de Pallas armé de l'égide, et un casque orné d'un griffon, à droite; *sardonyx*, 2 couches.

29. Buste de Pallas à droite, armé de l'égide, le casque orné d'un griffon et d'une tête de lion; *sardonyx*, 4 couches.

30. Tête de Pallas, à gauche, armée d'une égide. Au revers, Henri IV debout. Gravure attribuée à Coldoré; *sardonyx*, 3 couches.

31. Tête de Pallas, à droite, le casque orné d'une tête de soleil gravée sur la jugulaire, d'un Pégase, d'un dioscure domptant un cheval, et d'un quadrige. (Fragment.) Caylus, t. 5, pl. 31; *sardonyx*, 3 couches.

32. Buste de Pallas, à gauche, avec le casque et l'égide; *sardonyx*, 3 couches.

33. Buste de Pallas, à gauche, avec le casque et l'égide; *sardonyx*, 3 couches.

34. Buste de Pallas, à droite, orné d'un *polos*, de pendants d'oreilles et d'un collier d'où pend une perle; *sardonyx*, 4 couches.

35. Buste de Pallas orné d'un *polos*, de pendants d'oreille, et d'un collier, à gauche; *sardonyx*, 3 couches.

36. Minerve et Neptune disputant à qui donnera un nom à la ville de Cécrops : Neptune fait naître le cheval; Minerve fait naître l'olivier, et la ville prend le nom d'*Athènes*. Cette pierre avait été conservée de temps immémorial dans une église, où elle était regardée comme représentant Adam et Eve mangeant le fruit défendu. On avait même gravé en caractères hébraïques sur le biseau de la pierre le verset du troisième chapitre de la *Génèse*, qui dit : « La femme considéra que le fruit « de cet arbre était bon à manger, qu'il était beau et « agréable à la vue, etc. »; *sardonyx*, 3 couches (1).

Le même sujet se trouve sur une médaille d'Athènes en bronze (2), et sur une pierre gravée par Pyrgotèles (3).

37. Tête de chouette de face; *sardoine* incrustée d'*onyx*.

38. Tête de Méduse ailée, à gauche; *sardonyx*, 2 couches.

39. Tête de Méduse ailée, à droite; *sardonyx*, 3 couches.

40. Tête de Méduse ailée, de face; *sardonyx*, 2 couches.

41. Tête de Méduse ailée, de face (fragment); *sardonyx*, 2 couches.

42. Tête de Méduse, de face; *sardonyx*, 2 couches.

43. Tête de Méduse la langue tirée; *sardonyx*, 2 couches.

---

(1) Oudinet, *Mém. de l'Acad. des belles-lettres,* t. 1, p. 273.
(2) Barthélemy, *Atlas d'Anacharsis.*
(3) Raspe, *Catalogue de Tassie,* pl. 26, n° 1768.

44. Mars armé de toutes pièces, à droite, terrassant et frappant de sa lance le géant *anguipède* (1), *Mimas* (2); *sardonyx*, 3 couches.

45. Victoire dans un bige, à gauche; *sardonyx*, 2 couches.

46. Vénus ceinte d'un diadème, debout, à gauche, tenant de la droite un miroir dans lequel est incrusté un rubis; le bras gauche posé sur une colonne, devant elle, deux colombes posées sur le bord d'un vase; *sardonyx*, 2 c.

47. Vénus debout, la tête couverte du *cécryphalos* (réseau), la chlamyde sur le bras gauche, détachant sa chaussure de la droite, la main gauche posée sur une colonne sur laquelle est une tête de lion versant de l'eau dans un *labium*; devant elle, l'Amour; dessous, une baignoire de restauration moderne, ornée d'une tête de lion; *sardonyx*, 2 couches.

48. Vénus à demi-nue, assise, à droite, tenant l'Amour sur ses genoux; devant elle, *Pitho*, debout, le bras droit posé sur une colonne; *sardonyx*, 2 couches.

49. *Silène précepteur des Amours.* Vénus assise sur un rocher, un petit Amour sur ses genoux; un autre sur un rocher, et tenant des crotales; un troisième assis à terre : près d'eux Silène, une main appuyée sur un arbre, et semblant gronder ces Amours; au bas, des crotales, une syrinx et un poisson; *sardonyx*, 2 couches. (Cette pierre a été publiée par M. Dumersan, en 1824).

50. Vénus endormie la tête posée sur le bras gauche; derrière elle, un Amour tenant un *flabellum* (éventail); à ses pieds, un Amour jouant de la syrinx; un troisième tient des tablettes ouvertes; *sardonyx*, 2 couches.

---

(1) Qui a des jambes en forme de serpents.

(2) Millin a publié une pierre de la collection de feu le baron Van Hoorn, représentant le même sujet. Voyez *Pierres gravées inédites*, pl. 22, et *Galerie mythologique*, n° 143.

51. Vénus endormie sur un rocher; derrière elle, un Amour debout les mains posées sur la déesse; devant, un Amour assis jouant de la syrinx; dessous, un autre Amour jouant de la lyre; *sardonyx*, 2 couches.

52. Vénus et Adonis assis; à gauche, un Amour tenant une lance, sous un arbre; *sardonyx*, 2 couches.

53. Vénus assise, tenant dans ses bras Adonis (fragment); *sardonyx*, 2 couches.

54. Vénus et Adonis; près d'eux l'Amour endormi; *agate onyx*, 2 couches.

55. Vénus sur un taureau marin, environnée de cinq Amours; un d'eux vole dans les airs armé d'un fouet; un autre est couché sur un dauphin. Sous la queue du taureau, une pulpe; dans le champ, ΓΛΥΚΩΝ, gravé en creux, nom du graveur *Glycon* (1); *sardonyx*, 2 couches (2).

56. Les trois Grâces. Les deux premières s'enveloppent d'un voile, la dernière verse des parfums dans un *licytus*; *sardonyx*, 2 couches.

57. L'Amour sur un cheval marin; *sardonyx*, 2 couches.

58. Buste voilé de Psyché tenant un papillon; *sardonyx*.

59. Buste de Mercure; *sardonyx*, 2 couches.

60. Mercure la main droite derrière le dos, le bras gauche posé sur une base; *onyx*.

61. Hermaphrodite couché, la tête posée sur sa main gauche, et un Amour debout tenant une fleur; dessous, un autre Amour assis; *sardonyx*, 2 couches.

62. Hermaphrodite assis à gauche, tenant de la droite sa chlamide; *sardonyx*, 2 couches.

(1) Glycon d'Athènes était l'auteur de l'Hercule appelé *Hercule Farnèse*, et d'un autre Hercule de la collection Guarnacci. (*Voyez* Bracci, t. 2, p. 268.

(2) Millin, *Galerie mythologique*, t. 1, pl. 41, n° 177.

63. Têtes accolées de Cérès voilée et couronnée d'épis, et de Proserpine couronnée de laurier. (Au revers, Laocoon, travail moderne intaille ; *sardonyx*, 3 couches.

64. Cérès debout, à droite, tenant une couronne d'épis et un pavot ; *agate-onyx*, 2 couches.

65. Proserpine assise sur un siége à dossier : devant elle, *Ili-thia*, debout, lui présentant *Iacchus* ; à droite, Cérès, debout, tenant de la droite des épis et des pavots (la tête d'*Ilithia* manque) ; *sardonyx*, 2 couches. (*Voyez* le frontispice des vases de Canosa, par Millin ; et Freret, Acad. des Inscr., t. 23, p. 256.)

66. Pan, l'Amour volant, Vénus assise ; derrière elle, Pitho debout (triade mystique) ; *agate-onyx*, 2 c. inégales.

67. La Pudeur fuyant le Vice sous la forme d'un Silène : sujet mystique ; *sardonyx*, 2 couches. Winckelman explique ce sujet, *Monum. inéd.*, n° 20.

68. Buste de Bacchus couronné de lierre, *sardonyx*, 3 c.

69. Tête de Bacchus couronnée de pampres ; *sardonyx*, 3 cc.

70. Bacchus, debout, couronné de lierre, portant un thyrse, le coude gauche posé sur une base, versant à boire avec un *rhython* à une panthère qui est à ses pieds ; *sardonyx*, 5 couches.

71. *Noces de Bacchus et d'Ariane.* Bacchus et Ariane, assis dans un char conduit par deux Centaures, dont l'un joue de la lyre ; devant, un Génie portant un flambeau : c'est le paranymphe ; derrière, un Amour tient la chlamyde d'Ariane ; dessous, l'Océan assis, tenant une corne d'abondance entre Téthys et une nymphe ; *agate-onyx*, 2 couches. Buonarroti, *Medagl. antichi*, p. 430, et Millin, *Galerie mythologique*, pl. 66, n. 245.

72. Bacchus assis, jouant de la double flûte, sous un arbre derrière lequel est un terme de Priape ; derrière, une Bacchante portant un rhyton et une patère ; devant, une autre Bacchante ; *sardonyx*, 2 couches.

73. Buste de Silène, de face, avec le manteau de philosophe; *nicolo*. Mariette, n° 23.

74. Silène avec Polymnie devant la déesse *Téleté* qui l'instruit. Camée publié par Visconti, sous le nom d'Euripide. (*Iconographie grecque*, t. 1, p. 82, pl. 5.)

75. Silène assis sur un bouc; *sardonyx*, 2 couches.

76. Buste de faune couvert d'une peau de chèvre, portant à sa bouche une petite flûte et tenant un thyrse; *sardonyx*, 2 c.

77. Faune bacchant, tenant un thyrse et un rhyton; *sardonyx*, 2 couches.

78. Buste de bacchante ceinte d'un diadème, tenant un cep de vigne; *sardonyx*, 2 c.

79. Buste de bacchante de face; *turquoise*.

80. Deux génies bachiques portant des amphores; *sardonyx.*, 2 couches.

81. Taureau dionysiaque; *sardonyx*, 2 c.

82 à 91. Masques de Silène, de faunes, et masques scéniques.

92. Néréide couchée sur un cheval marin; *sardonyx*, 2 c.

93. Triton jouant d'une double flûte; devant, deux génies, dont l'un tient une syrinx; *agate-onyx*, 2 c.

La monture, émaillée, d'un charmant travail, est attribuée à Benvenuto-Cellini.

94. Génie tenant un gouvernail et flottant sur la mer; *agate-onyx*.

95. Génie funèbre, tenant un flambeau renversé : devant lui, une tête de mort; *agate-onyx*, 2 c.

HISTOIRE HÉROIQUE.

96 à 99. Têtes d'Hercule.

100. Omphale debout, couverte de la peau de lion, portant la massue; *agate-onyx*, 2 c.

101. Pélops le pied droit posé sur une fontaine, faisant boire ses

8

chevaux : devant lui, son *aurige*, accroupi, boit dans un *diota ;* derrière, un Terme ; *sardonyx ;* 2 c.

Millin, *Monum. inéd.*, t. 1, p. 1, pl. 1.

102. Médée tenant un poignard : devant elle, ses deux enfants, au pied d'une colonne sur laquelle est un vase ; *sardonyx*, 2 couches.

103. Sphinx accroupi à droite ; *sardonyx*, 3 c.

104. Pâris et Hélène assis devant une colonne surmontée d'un vase : près d'eux, Penthésilée, reine des Amazones, tenant son cheval par la bride. Pâris tient d'une main une tête de loup, de l'autre un *pedum* : près de lui, un chien. Millin, *Galerie mythol.*, n° 591.

105. Buste d'Ulysse, brandissant sa lance et armé de l'égide : il est coiffé d'un *pileus* sur lequel est gravé le combat d'un centaure et d'un lapithe ; *cornaline.* Millin, *Mon. inéd.*, t. 1, p. 201, pl. 21.

106. Diomède enlevant le palladium ; *sardonyx*, 2 c.

107. Diomède enlevant le palladium : devant lui, Ulysse ; *sardonyx*, 2 couches.

DIVINITÉS ÉGYPTIENNES.

108. Buste d'Isis à droite, voilé et surmonté du lotus; *sardonyx*, 2 couches.

109. Buste d'Isis diadémé à gauche ; *sardonyx*, 3 c.

110. Buste d'Isis, de face ; *sardonyx*, 2 c.

111. Tête de femme égyptienne, de face ; *agate-onyx*, 3 c.

112. Isis debout, de face ; *sardonyx*, 2 c.

113. Buste d'Horus-Harpocrate, la main posée sur ses lèvres, coiffé du *pschent* ; *sardonyx*, 3 c.

114. Buste d'Horus-Harpocrate, coiffé du *pschent*, sur lequel est une inscription ; *sardonyx*, 3 c.

115. Horus-Harpocrate assis sur des fleurs, une main posée sur ses lèvres, portant une corne d'abondance de la gauche ; *agate-onyx*, 2 c.

116. Horus-Harpocrate assis sur un chapiteau, à droite; *sardonyx*, 3 couches.

EMBLÊMES DES RELIGIONS DE L'ORIENT.

117. Lion dévorant un taureau; *sardonyx*, 3 couches.

118. Lion tourné à gauche, dévorant un taureau renversé sous lui; *sardonyx*, 3 c.

119. Figure ailée, à corps de lion et à tête humaine (sphinx); *sardonyx*, 2 c.

ICONOGRAPHIE.

120. Tête d'Alexandre, ornée de la corne de bélier, à droite; *sardonyx*, 3 couches.

121. Tête d'Alexandre, à droite, ornée d'un diadème et de la corne de bélier; *sardonyx*, 2 c.

122. Tête d'Alexandre, ornée d'un diadème et d'une corne de bélier, à droite; *agate-onyx*, 2 c.

123. Tête d'Alexandre à droite, ornée d'un diadème et de la corne de bélier; *sardonyx*, 2 c.

124. Bustes d'Alexandre et d'une femme, travail antique retouché; *sardonyx*, 3 couch. (Acquis de M. Consinery, en 1831.)

125. Tête de Lysimaque, à gauche, le casque orné d'une couronne de laurier et d'un lion; *sardonyx*, 3 c. (Visconti, *Iconogr. grecq.*, pl. 41, n° 7.)

126. Buste d'un roi sassanide; *cornaline*.

127 à 129. Têtes inconnues; *sardonyx*.

130. Tête inconnue; *pâte antique*.

131. Jeune homme nu, debout, la chlamyde sur l'épaule; *sardonyx*, 2 couches.

132. Tête barbue inconnue, à droite; *sardonyx*, 2 c.

133, 134. Bustes de femmes, de face; *cristal de roche*.

135. Buste de femme romaine; *agate-onyx*.

136 à 138. L'annonciation de la sainte Vierge, avec des inscrip-

tions grecques dont la traduction est : *Je vous salue, Marie,* etc.

139. La croix surmontée d'un buste de Jésus-Christ limbé, entre deux anges ; *sardonyx,* 3 couches.

140. Buste de Jésus-Christ de face, portant un livre ; *jaspe sanguin.*

141. Jésus-Christ debout, de face ; *améthyste-claire.*

142. Saint Jean assis, de face, tenant de la main gauche un livre. Légende, qui signifie *saint Jean théologue ; jaspe vert.*

143. Saint Georges et saint Démétrius, avec leurs noms en grec : au-dessus, le Christ; *sardonyx,* 3 c.

144. Moïse dans le désert, guérissant les Hébreux par la vue du serpent d'airain : avec une inscription hébraïque dont le sens est : *Il verra cela, et il vivra ; sardonyx.*

Ce camée a appartenu au pape Clément XIV. (Orlandi, *Osserv. sopra un sacro cameo,* Roma, 1773.)

145 à 149. Inscriptions grecques ; *sardonyx.*

150. Inscription latine : MAXIMUS ; *sardonyx,* 2 couches.

151, 152. Mains ithyphalliques.

153 à 156. *Sardonyx* non gravées.

QUATRIÈME MONTRE.

DEUXIÈME DIVISION.

HISTOIRE ROMAINE : ICONOGRAPHIE.

157. Tête de Sextus Pompée; *sardonyx,* 2 couches.

158. Quatre bustes de Jules César, Auguste, Tibère et Claude, avec leurs noms ; *sardonyx,* 3 couches.

Monture en or émaillé, très-remarquable, attribuée à l'école de Benvenuto-Cellini.

159. Tête d'Auguste, couronnée de laurier; *sardonyx,* 2 couches. *Trés. de num. : Iconogr.,* R., pl. 3, n° 12.

160. Tête d'Auguste, à droite, couronnée de chêne; *sardonyx*, 2 c.
La monture, du moyen-âge, est ornée de saphirs, de grenats et de perles fines. Ce camée ornait le buste de saint Hilaire, dans le trésor de Saint-Denis. D. Félibien, pl. 2, A., p. 538.

161. Tête voilée et laurée d'Auguste, de face; *chalcédoine*.

162. Buste lauré d'Auguste, de face, armé d'une cuirasse orné d'une tête de Méduse ; *agate*.

163. Buste d'Auguste de face, couronné de laurier. De chaque côté de la tête est tracée une inscription byzantine ainsi conçue : EK ΤωΝ ΑΓΙωΝ Μ·; *agate*. Cette pierre, dans une monture de cuivre doré du XVIIᵉ siècle, provient du *Trésor de Saint-Denis*, D. Félibien, p. 543, pl. 4. Elle est dans la septième montre. (*Voy.* p. 125.)

164. Fragment d'une tête d'Auguste, radiée, à droite ; *onyx*.

165. Bustes accolés d'Auguste et de Julie ; *pâte antique*.

166. Buste de Julie, orné d'une couronne d'épis et de pavots, et d'un collier d'où pend une bulle; *agate-onyx*, 3 c.

167. Buste de Julie, à droite, couronné d'épis et de pavots, tenant de la droite un pavot (fragment); *sardonyx*, 3 c.

168. Buste de Julie, couronné d'épis et de pavots, orné d'un collier de pavots, tenant de la gauche le bord de sa *stola*, où sont enveloppés deux petits enfants; *agate-onyx*, trois couches.

169. Buste d'Agrippa, orné d'une couronne murale : au revers, buste de Julie, sa femme ; *sardonyx*, 3 c.

170. Tête de Caïus César, vue de trois quarts ; *nicolo*.

171. Tête de Lucius César; *cornaline*.

172. Buste incertain de la famille d'Auguste, orné d'une couronne de chêne ; *sardonyx*, 3 c.

173. Buste de Tibère, à droite, orné d'une couronne de chêne et de l'égide ; *agate-onyx*, 3 couches.

174. Tête nue de Drusus; *sardonyx*, 2 c.

175. Tête de Drusus, l'ancien, orné d'une couronne de laurier ; *sardonyx*, 2 couches.

176. Buste de Drusus, l'ancien ; *sardonyx*, 2 c. Publié par Mongez sous le nom d'Auguste, *Icon. rom.*, pl. 18, p. 5.

177, 178. Têtes de Germanicus; *sardonyx*, 2 c.

179. L'apothéose de Germanicus; *sardonyx*, 3 c. (1).

Ce morceau, précieux par la beauté du travail, a été près de sept cents ans chez les bénédictins de Saint-Evre de Toul ; et, suivant la tradition de cette abbaye, le cardinal Humbert, religieux du même ordre, l'avait apporté de Constantinople, où il alla sous le pontificat de Léon IX. Ce camée passait pour représenter saint Jean l'évangéliste, enlevé par un aigle et couronné par un ange. Lorsqu'on eut découvert que c'était un sujet profane, les religieux l'offrirent au roi, en 1684, époque du transport des pierres gravées à Versailles. Il a été gravé et expliqué en 1707 par Oudinet, dans les *Mémoires de l'Académie des belles-lettres*, t. 1, p. 276. Depuis ce temps, on a pensé que le personnage représenté sur cette pierre était Germanicus. Cependant, ce prince n'a jamais eu les honneurs de l'apothéose ; mais il peut avoir été figuré ainsi allégoriquement, au temps de Caligula, son fils, à qui nous devons presque toutes les médailles des personnages de sa famille.

180. Buste d'Agrippine, l'ancienne ; *sardonyx* ; 2 c.

181 à 185. Bustes d'Agrippine jeune ; *sardonyx*.

186. Bustes accolés de Caligula et Drusille ; *sardonyx*, 3 c. Mongez, *Icon. rom.*, pl. 15, p. 8.

187. Tête de Caligula laurée : derrière, CALIGVLA; dessous, ses trois sœurs debout ; *sardonyx*, 2 c.

188. Tête de Caligula ; *sardonyx*, 7 c.

189. Apothéose d'Auguste. Cette pierre est décrite ci-dessus, p. 37. Elle est placée dans la montre des bijoux d'or.

190 à 193. Têtes de Claude ; *sardonyx*.

_____

(1) *Voyez* la gravure et l'explication de ce beau monument dans l'*Iconographie romaine* de Mongez, t. 2, p. 137. et *Trésor de num.*, *Icon.*, *rom.*, pl. 10, n° 15.

194. Tête d'Agrippine jeune ; *sardonyx*, 3 c.

195. Bustes d'Agrippine et de Néron, portés par un aigle ; *sardonyx*, 3 c.

196. Buste de Messaline posé sur une corne d'abondance dans laquelle est placé un de ses enfants : devant elle, le buste d'un autre enfant ; *sardonyx*, 3 c. Mongez, *Iconogr. rom.*, pl. 18, 5.

197. Claude et Messaline sous la figure de Triptolème et de Cérès, dans un char traîné par des serpents ailés ; *sardonyx*, 3 c.

Cette pierre a été publiée sous le nom de Germanicus et Agrippine, dans les *Mémoires de l'Académie des belles-lettres*, t. 1, pag. 144, et dans l'*Iconographie romaine*, par Mongez, pl. 24, n° 3 ; elle est aussi dans la *Galerie mythologique* de Millin et dans le *Trésor de numismatique*, Icon. rom., pl. 14, n° 6.

198. Néron de face sur un quadrige, tenant de la main droite un rouleau ; de la gauche un bâton consulaire. Légende : NEPωN AΓOYCTE ; *agate-onyx*, 2 c. Caylus, t. 1, pl. 76, 2.

199. Tête laurée de Domitien ; *onyx*.

200. Buste de Trajan ; *sardonyx*, 3 c.

201. Buste lauré d'Hadrien, vu de face ; *agate-onyx*, 2 c.

202. Hadrien à cheval, armé d'une lance, courant sur un lion ; *agate-onyx*, 3 c. Caylus, t. 1, pl. 51, 3.

203. Buste d'Antinoüs ; *cornaline*.

204. Bustes en regard de Marc-Aurèle et de Lucius Verus, en habits militaires ; *sardonyx*, 2 c.

205. Buste de Faustine jeune, à droite, ceinte d'un diadème ; *sardonyx*, 3 c.

206. Buste de face, en haut-relief, d'Annius Verus en Bacchus, le col orné de pampre. Sur les épaules on lit, en deux parties, l'inscription suivante : VERINUS CONSULIS PROBAT TEMPORA ; *agate* provenant du Trésor de l'abbaye de Saint-Denis. D. Félibien, p. 543, pl. IV, N. (*Voy.* plus bas p. 125, dans la septième montre.)

207. Buste de Septime Sévère en habit militaire ; *agate-onyx*,

208. Famille de Septime Sévère. Bustes accolés de Septime Sévère portant la couronne radiée, et de Julia Domna, sa femme, diadémée, en regard des bustes accolés de Caracalla et de Géta; *sardonyx*, 3. c. Millin, *mon. ined.*, t. I, p. 178, pl. 19.

209. Septime Sévère debout entre Caracalla et Géta, couronnés chacun par une Victoire, près d'un autel :.... ΝΕΙΚΗΝ ΤΩΝ ΚΥΡΙΩΝ (*Pour la victoire des princes*).

210. Buste lauré de Caracalla, avec l'égide; *sardonyx*, 3 c.

211. Buste lauré d'Elagabale, vêtu du *paludamentum*; *sardonyx*, **3 c.**

212. Buste de Constantin lauré; *sardonyx*, 3 c.

213. Constantin, à cheval, brandissant sa lance contre des ennemis terrassés; *sardonyx*, 2 c.

214. Buste, en agate, de Valentinien III. (*Voy.* dans la grande montre, ci-dessus, p. 50.)

CINQUIÈME MONTRE.

PREMIÈRE DIVISION.

CAMÉES MODERNES.

Les sujets représentés sur ces pierres reproduisent ceux que nous avons décrits aux camées antiques.

La mythologie commence au n° 217 et finit au n° 289.

L'histoire héroïque commence au n° 290 et finit au n° 304. Les sujets divers et les têtes inconnues vont du n° 305 au n° 339. Le n° 249 représentant Vénus, était la plaque d'un collier de Mme Dubarry.

DEUXIÈME DIVISION.

Les camées renfermés dans cette montre sont ceux de l'*Iconographie romaine*, rangés dans le même ordre que les camées antiques de la *quatrième montre, deuxième division :* ils vont du n° 340 au 421.

TROISIÈME DIVISION.

HISTOIRE MODERNE : *Iconographie.*

422. Buste de Louis XII, de face, coiffé du mortier ; *sardo-nyx*, 2 c.

423. Buste de François Ier, posé sur une couronne : autour : F. I. GRA. DEL. FRAN. R.; *agate.*

424. Buste de Diane de Poitiers, monté sur une *sardoine-onyx* à 3 couches, orné de diamants.

425 à 430. Bustes de Henri IV.

431. Henri IV : bracelet de Mme de Pompadour : pendant du n° 449.

432. Bustes accolés de Henri IV et de Marie de Médicis, *coquille sur une sardonyx.*

433. Buste de Marie de Médicis; *sardonyx*, 2 c.

434. Buste de Louis XIII, enfant, de face; *opale.*

435 à 438. Bustes de Louis XIII.

439 à 442. Anne d'Autriche.

443. Buste du cardinal de Richelieu ; *onyx-cornaline.*

444. Buste du cardinal Mazarin : autour en creux : QVI POSVIT FINES SVOS PACEM. Psalm. 147; *sardonyx*, 2 c.

445 à 447. Louis XIV.

448 à 452. Louis XV. La bague n° 452 appartenait à Monsieur, depuis Louis XVIII. Elle fut trouvée au Luxembourg dans son secrétaire, après son émigration.

453. Bustes accolés du dauphin, père de Louis XVI et de sa femme, Marie-Josephe de Saxe, sur un dauphin, 1758; GAY. F.; *sardonyx*, 3 c.

454. Mme de Pompadour sur un cachet à secret, orné d'une intaille représentant l'Amour qui tient un lis et une rose, et cette devise : *L'Amour les assemble*, gravé par Gay.

455. Montesquieu; *ivoire sur un silex.*

456. Buste de Bonaparte; *sardonyx*, 2 c. Jeufroi, 1801.

457. Cambacérès, *pâte de verre*; par M. Lelièvre.

458. Buste de Paul III en habits pontificaux ; *sardonyx*, 2 c.

459. Buste d'André Doria de face ; *lapis-lazuli*.

460. André Doria assis sur des armes ; *sardonyx*, 2 c.

461. Buste de Louis II, marquis de Saluces, à droite, coiffé du mortier ; *sardonyx*, 2 c.

462. Buste de Charles-Quint lauré ; *sardonyx*, 2 c.

463. Buste de Philippe II ; *sardonyx*, 2 c.

464 à 466. Élisabeth, reine d'Angleterre ; *sardonyx*.

467 à 469. Marie Stuart ; *sardonyx*.

470. Buste lauré de Cromwell, à gauche. Au revers, buste de Charles Ier, en creux ; *jaspe sanguin*.

471. Tête de Cromwell laurée, à gauche; anneau de *jaspe sanguin*.

472. Tête de Charles II, coiffé de la peau du lion, à gauche ; *sardonyx*.

473. Buste de Charles II ; *sardonyx*, 2 c.

474. Tête de la reine Christine laurée ; *sardonyx*, 3 c.

475. Don Louis de Requezens, gouverneur des Pays-Bas, mort en 1576; *agate*.

476. Buste d'Anne, princesse de Nassau, de face. Autour : ANNA. ARAVS ET NASS. PRINCEPS 1748; dessous, L. NATTER FEC.; *sardonyx*, 2 c.

477 à 503. Têtes inconnues.

QUATRIÈME DIVISION.

Suite des têtes inconnues.

504. Buste de femme voilée, de face ; *cacholong*.

505. Autre ; *sardoine*.

506. Buste de face ; *grenat*, dans une très-jolie monture en émail.

507. Tête de face, gravée en *electrum* (ambre).

508 à 527. Têtes de nègres et de négresses. Les graveurs ont profité de la couche noire de ces *sardonyx* pour faire ces têtes noires sur un fond blanc.

528. Un œil. Fantaisie du graveur qui a profité de la disposition des couches de cette *agate-onyx* : bague émaillée.

529. Petite figure d'Hercule, en or, appliquée sur une *sardoine*.

HISTOIRE SAINTE.

530. Adam et Ève. Ève cueillant la pomme sur l'arbre de vie; *agate-onyx*.

531. Le jugement de Salomon ; *agate-onyx*.

532. Moïse ; *grenat*.

533. Moïse ; *agate-onyx*.

534. Judith tenant une épée et la tête d'Holopherne ; *agate-onyx*.

535. Buste d'Hérodiade ; *agate-onyx*.

536. L'adoration des Mages ; *sardonyx*, 3 c.

537. La Vierge, l'enfant Jésus et les saintes femmes ; *agate*.

538, 539. La Vierge et l'enfant Jésus ; *agate-onyx*.

540. Buste de la Vierge ; *jaspe sanguin*.

541 à 544. Bustes de Jésus-Christ; deux *jaspes sanguins*, deux *sardonyx*.

545. Jésus-Christ au jardin des Oliviers ; *agate*.

546. La Résurrection ; *agate*.

547. Comparaison de l'*Ancien* et du *Nouveau Testament* ; *sardonyx*, 3 c.

548, 549. Têtes de saint Pierre ; une *agate*, un *grenat*.

550. La Madelaine ; *agate-onyx*.

551. Saint Jérôme ; *agate-onyx*.

SUJETS DIVERS.

552. Horatius Coclès défendant le pont Sublicius ; *agate-onyx*.

553 à 555. La fontaine des sciences, sujet allégorique ; *agate-onyx*.

556. Camée allégorique représentant le lion batave faisant la barbe au Neptune anglais. (Millin, *Magasin encyclopédique*, 13ᵉ année 1808, t. 1, p. 346.)

557. La naissance du dauphin, 1751.

558. La paix de 1756 : la France et l'Autriche se donnent la main sur un autel.

559. La statue de Louis XV, 1763.

560 à 562. Des Amours.

Ces six pierres ont été gravées par *Gay* pour Louis XV ; elles sont reproduites dans l'œuvre de Mme de Pompadour déjà cité, p. 106.

563. Perroquet ; *agate*.

564. Un poulet ; *agate-onyx*.

565. Un dragon en *jaspe rouge* et *vert*.

566. Un pied de vase en *jaspe*, monté en or émaillé.

567. Pied de vase ; *agate*, montée en or émaillé, avec des sujets ciselés représentant des divinités marines. Ouvrage qui paraît être du XVIᵉ siècle.

GRAVURES SUR COQUILLES.

568 à 584. Sujets divers appartenant probablement à un vase orné de divers compartiments. Le sacré et le profane s'y trouvent mêlés depuis Adam et Eve jusqu'à Lucrèce se poignardant. Ces ouvrages sont de l'époque de la renaissance.

585 à 587. Batailles gravées sur coquilles.

588. Femme sur un cheval courant.

589. Des cerfs.

590. Une vache.

591. Bracelets de Diane de Poitiers, jolies gravures sur coquilles, représentant des animaux : montés en or émaillé.

592. Douze camées sur coquilles, représentant les douze Césars : c'étaient les boutons du pourpoint de Henri IV. (*Voyez* ci-dessus, p. 5.)

593, 594. Deux perles baroques, dont l'une forme une figure de femme.

SIXIÈME MONTRE.

Dans l'embrasure de la croisée, près de la porte d'entrée.

CYLINDRES BABYLONIENS, PERSÉPOLITAINS ET ÉGYPTIENS.

Ces cylindres sont de matières dures, la plupart naturelles, quelques-unes artificielles, telles que le *lapis-lazuli*, l'*hématite*, le *basalte* et la *porcelaine*.

Ils sont percés d'outre en outre dans leur longueur, et leur surface est couverte de figures et d'inscriptions.

Presque tous les cylindres qui offrent des sujets tirés de la religion persane, et qui sont accompagnés d'inscriptions *cunéiformes* (*Voy.* ci-dessus, p. 28), ont été trouvés près de l'ancienne Babylone : on les distingue de ceux qui sont tout-à-fait persépolitains, quoique le voisinage des deux contrées et une grande analogie dans la religion et les procédés des arts chez les deux peuples, leur donnent beaucoup de ressemblance.

Ces cylindres, ainsi que ceux des Egyptiens, paraissent avoir servi d'amulettes : l'usage auquel ils ont pu être destinés ne nous est pas encore connu. On peut penser que leur origine est égyptienne, parce que l'on a trouvé des cylindres égyptiens portant des noms de rois antérieurs de plusieurs siècles à l'invasion des Perses en Egypte. M. Raoul-Rochette s'occupe de la description de ces cylindres.

SEPTIEME MONTRE.

Dans l'embrasure de la croisée, après le tableau d'Euterpe et de Pan.

PREMIÈRE DIVISION.

163. Auguste, buste en *agate*, provenant du trésor de Saint-Denis (1).

206. *Annius Verus*, fils de Marc-Aurèle ; il n'en est fait qu'une

(1) Cette pierre est décrite ci-dessus, p. 117, n° 163.

simple mention dans l'*Histoire du trésor de Saint-Denis*, où il était conservé (1). Il est probable que l'inscription VERINVS CONSVLIS PROBAT TEMPORA a été ajoutée après coup. La forme des lettres n'est pas très-pure, et n'annonce pas l'art du siècle de Marc-Aurèle. Il n'était pas d'usage de mettre sur les pierres gravées les noms des personnages dont elles offraient les portraits. D'ailleurs, *Verinus* serait donc le diminutif de *Verus*. On a de très-belles médailles de grand bronze d'Annius Verus au revers de Commode (2), dont le caractère est tout-à-fait semblable à celui de la figure que représente notre camée. D'autres médailles de petit bronze ont encore avec lui une analogie plus frappante, puisque la tête d'enfant qu'elles portent est ornée de feuilles de lierre, et qu'elle a le col entouré de pampre (3). Le jeune Annius Verus y est apothéosé et représenté comme Bacchus enfant. La douleur de Marc-Aurèle ayant été jusqu'à faire élever des statues d'or à son fils, qu'il perdit à l'âge de sept ans, il n'est pas étonnant qu'on lui ait aussi frappé des médailles, et que l'on ait gravé cette pierre en son honneur.

305. Camée d'*agate orientale*, représentant une figure casquée, qui passe pour un buste d'Alexandre. Cette gravure est de la renaissance.

___

(1) Dom Félibien, p. 543, pl. 4, lettre N.

(2) ANNIVS. VERVS. CAES. ANTONINI. AVG. FIL. Tête nue d'Annius Verus enfant avec le paludament. — *Revers* : COMMODVS. CAES. ANTONINI. AVG. FIL. Tête nue de Commode enfant. Mionnet, *Rareté des médailles romaines*, 2e édit., p. 237.

(3) Tête d'un enfant couronné de pampre, les épaules couvertes de raisins. — *Revers* : S. C., dans une couronne de pampre et de raisins. Mionnet, *Rareté des médailles romaines*, 2e édit., t. 2, p. 561.

Terres cuites.

K 1. — Tête portant des cornes et des ailes.

K 2. — Tête d'Auguste couronnée de chêne.

K 3. — Tête de femme.

K 4. — Fragment d'une figure de Diane.

K 5. — Deux bustes dans une coquille.

K 6. — Le monstre Scylla.

Stuc.

L 1, 2, 3. — Trois fragments de tables illiaques.

Les poèmes d'Homère étaient dans l'antiquité regardés comme une espèce d'encyclopédie pour l'histoire des temps héroïques ; les grammairiens les enseignaient dans leurs écoles, et avaient imaginé des tables où ces événements étaient gravés et accompagnés d'une courte inscription. Il nous reste quelques fragments de ces tables de stuc. Celui du milieu a été trouvé dans les ruines d'un ancien temple, sur la voie Appienne, à Frattocchia, dans les terres du prince *Colonna*. (Voyez *Antiq. expliq.*, de Montfaucon, t. 4, à la fin.)

Le fragment L 2 vient du *Museum veronense*.

Celui L 3 a été acquis de M. Durand, en 1827.

Monuments d'ivoire.

M 1. — Tête de Méduse.

M 2. — Une figure ailée vêtue d'une robe, et tenant une lyre : elle est fragmentée : Caylus l'a publiée avec la tête qui est celle d'un adolescent, t. 5, pl. 84.

M 3. — Sylvain ; *ivoire fragmenté :* il est publié plus complet par Caylus, t. 5, pl. 84.

Coins et moules de médailles.

N 1. — Des coins de monnaies romaines en bronze.

N 2. — Un coin d'une forme singulière : il a été trouvé à Beaumont-sur-Oise, et donné au Cabinet des médailles par le maire de cette commune. Les deux parties de ce coin sont réunies par deux branches en fer-à-cheval s'ouvrant au moyen d'une charnière. Ce coin est de l'empereur Constance. On lit du côté de la tête : ... STANS ... Le revers représente la Victoire portant de la gauche un trophée, et de la droite une palme sur son épaule. On lit autour : VICTOR.... DN.... (*Victoria domini nostri* (1).

N 3. — Des moules de terre cuite, que l'on suppose avoir servi à des faux monnayeurs.

Tessères.

O 1. — Une tessère en plomb, léguée, en 1827, au Cabinet des Antiques, par feu M. Allier de Hauteroche, ancien consul de France à Héraclée. Cette tessère, trouvée en 1794 à Béryte (aujourd'hui Beyrout) en Phénicie, porte deux dates, l'une ΑΞΡ. l'an 161 de l'ère des Séleucides, et ΜΖ, l'an 47 de l'ère de Béryte. Ce monument a été fabriqué l'an 150 avant Jésus-Christ. Il représente un dauphin entourant un trident, et porte, outre les dates, l'inscription ΔΙΟΝΥΣΙΟΥ ΑΓΟΡΑΝΟ. C'est le nom du magistrat *Dionysius, agoranome*, ou préfet des vivres. (*Voyez* la description de cette tessère par M. Allier, Paris, 1820, in-4°.)

O 2. — *Tessères en ivoire* : Espèces de marques que l'on donnait pour entrer dans les théâtres et dans les endroits publics. (Caylus, t. 3, pl. 77, 78, 79, et t. 4, pl. 87.)

Sceaux antiques.

P. — Sceaux en bronze, portant le nom de leurs propriétaires.

Ustensiles divers.

Q 1. — Dés en bronze, en ivoire, en cristal, etc.

Q 2. — Des osselets : l'un fondu en bronze, l'autre sculpté en agate.

---

(1) Description d'un instrument qui a servi au monnayage ; par A.-L. Millin, *Magasin encyclopédique*, juin 1811.

Le jeu des osselets remonte à la plus haute antiquité ; il était connu des Grecs dès le temps de la guerre de Troie. Une peinture d'Herculanum (t. 1. pl. 1.) représente des femmes jouant aux osselets. Les divinations se faisaient aussi par les dés ou par des osselets.

Q 3. — Fibules, l'une en bronze, l'autre recouverte de porcelaine.

Poids antiques.

R 1. — Un poids de l'île de Chio, en plomb. On y voit, comme sur les médailles de cette île, le sphinx sur une amphore, et on y lit : ΔΥΟ ΜΝΑ (*deux mines*) (1). Caylus, t. 2, pl. 49.

R 2. — Autre poids en plomb sur lequel on lit en rétrograde : ΗΜΙΤΡΙΤΟΝ. C'est le *demi-tiers*, ou le *sixième* de la mine.

R 3. — Un poids de bronze représentant la figure du zébu, ou bœuf bossu : ΑΝΤΙΟΧΕΙΟΝ ΤΕΤΑΡΤΟΝ (*quart d'une mine de la ville d'Antioche.*)

R 4. — Poids de Cysique : ΚΥΣ. ΔΙC. Caylus, t. 6, pl. 39.

Inscriptions.

S 1, 2. — Inscriptions sur bronze incrusté d'argent.
S 3. — Vœu à Neptune, par Utissia Vestina.
S 4, 5, 6. — Plaques d'esclaves ; acquises de M. Allier.
(Ces inscriptions feront partie d'une *Notice* particulière.)

Plombs antiques.

T 1. — Tête d'homme en plomb.
T 2. — Médailles en plomb. Caylus, t. 3, pl. 97.

---

(1) La mine des Grecs valait 190 drachmes, et la drachme 79 de nos grains. (*Voyez* Paucton, *Métrologie* ; Barthélemy, *Tables du Voyage d'Anacharsis.*)

SEPTIEME MONTRE.

DEUXIÈME DIVISION.

VERRE ANTIQUE.

Les anciens faisaient usage du verre dans les arts ; ils en faisaient des bijoux, des vases, des mosaïques ; ils en pavaient leurs maisons. Pline attribue la découverte du verre au hasard. Des marchands, dit-il, qui traversaient la Phénicie, allumèrent du feu dont la violence vitrifia le sable mêlé de *natrum* qui leur servait d'âtre.

Les Egyptiens ont fait un grand usage du verre et de la porcelaine. Notre montre contient une grande quantité de petites boules trouvées par M. Cailliaud dans les hypogées de Thèbes, qui, sciées en plusieurs lames, produisent de très-jolies mosaïques.

On trouvera des détails intéressants sur le verre des anciens, et sur l'usage qu'ils en faisaient, dans le premier volume des *Mém. de l'Acad. des belles-lettres*, et dans le t. 23, p. 342 et suivantes. Ce *Mémoire* de M. de Caylus a été reproduit dans son *Recueil d'antiquités*, t. 1, 2 et 3.

U 1. — Grand fragment d'un carré de verre, avec une inscription romaine.

U 2, 3, 4, etc. — Figurines et masques en verre antique.

Médaillons de verre renfermant des peintures en or.

V 1. — Buste d'homme barbu, de face : on lit autour : CALLISTVS.

V 2. — Un homme et une femme, en buste, dans le costume oriental de l'époque de Constantin. Entre eux, une figure togée de plus petite dimension, et posant sur chacune des deux têtes une couronne. La femme a dans les cheveux des pierreries peintes en rouge, ainsi que son collier et les bandes de pourpre de la toge de la figure du milieu. On lit autour : IVCVNDE CVRA CEZES. ES.

V 3. — Portrait d'un Romain tenant un *volumen* ou rouleau.

On peut voir, sur ces peintures en or sur verre, ce qu'en dit Caylus au troisième tome de son *Recueil d'antiquités*, p. 193, à l'occasion d'un petit monument semblable que le Cabinet a possédé, et qui a été détruit lors du vol de 1831.

V 5. — Figure de femme ailée tenant une bandelette peinte en or sur une porcelaine bleue.

V 6, 7, etc. — Peintures égyptiennes sur verre.

Divers fragments de l'art grec nous montrent l'emploi que les anciens faisaient du verre avec des couches superposées, blanches sur un fond bleu, imitant les *sardonyx*.

X 1. — Persée délivrant Andromède; il tient derrière lui la tête de Méduse : fragment d'un vase. Le seul exemple entier que l'on connaisse de cette sorte de vases est le *vase de Portland*, ainsi nommé de son possesseur actuel. Il se nommait autrefois le *vase Barberini*, parce qu'il était dans le palais Barberini, à Rome. Il avait été trouvé dans le cimetière de Sainte-Agnès, en 1698. (*Voyez* Lachausse, *Museum romanum*, pl. 60 et 61. Il l'avait publié comme un vase d'*agate*. Il est aussi décrit par Bartoli, *Veterum sepulchra*, fig. 84 et 85).

X 2. — Autre fragment représentant un guerrier suivi d'un satyre prêt à immoler un bélier. Il a été trouvé sur le bord du Rhône, à Arles. (*Voyez* Caylus, t. 3, p. 330, pl. 89.)

X 3. — Autre fragment : serpent près d'un autel.

X 4. — Médaillon représentant un vase. Caylus, t. 3, pl. 81.

X 5. — Fragment d'un cartouche égyptien.

J 3. — Masque de Méduse en porcelaine. Caylus, t. 3, pl. 81, 1.

J 4, 5. Masque de Méduse.

LXIV. Petit Amour en relief sur une plaque d'argent dont le champ est orné de lozanges d'argent bruni et naturel entremêlés, imitant la mosaïque. Caylus, t. 4, pl. 80.

QUATRIÈME MONTRE.

QUATRIÈME DIVISION.

Vis-à-vis du portrait de Louis XVIII.

Monuments égyptiens, la plupart rapportés d'Égypte par M. Cailliaud, en 1822, et acquis pour le Cabinet en 1824.

Dans la première ligne, au milieu des scarabées, il y en a un fort curieux : sa tête est celle d'une femme voilée. Caylus, t. 5, p. 21, pl. 8.

Au milieu de la montre, un quadrilatère en terre émaillée, portant cette inscription funéraire : ΔΙΔΥΜΗC ΔΙΟCΚΟΥΡΙΔΟΥ ΕΒΙΩ. L. M. B. (Corps de) *Didymé*, (fille de) *Dioscoride; elle a vécu quarante-deux ans.* (Montfaucon, t. 5, p. 134.) Au *revers*, un bas-relief représentant Anubis embaumant le corps d'Osiris couché sur un lion funèbre.

HUITIÈME MONTRE.

Près de la porte sur laquelle est l'armure de François Ier.

Miroirs antiques dont la partie concave est gravée en traits de burin, et représente des sujets mythologiques. La partie convexe était polie, et suppléait aux glaces dont les anciens ne connaissaient pas l'usage.

Celui du milieu de la première ligne, extrêmement remarquable, a été acquis, en 1837, à la vente des monuments récemment trouvés dans les fouilles faites à Vulci, à Canino et à Corneto, et dont l'intéressante description a été donnée par M. de Witte (Paris, 1837, 1 vol. in-8°.)

Ce miroir étrusque y est décrit sous le n° 294. Il représente Minerve entre Hercule et Iolas. La *stéphané*, ou couronne, et le collier de Minerve, sont en or. Les serpents de son égide, les ornements de sa robe, et ceux des armes et du manteau des deux autres figures, sont en argent.

———

La description des monuments que contient la salle du Zodiaque se trouvera après celle de la salle des globes, à la fin de cette *Notice*.

———

OBJETS EXPOSÉS

Dans les galeries des livres imprimés.

GALERIE DU PARNASSE.

En sortant du Cabinet des médailles, on voit à gauche, dans une montre vitrée, trois dessus de cercueils de momies, portant des figures peintes et des hiéroglyphes. Les Égyptiens donnaient à ces cercueils des figures humaines.

Au-dessus, une roue de bronze trouvée à Nîmes.

Sur le premier bureau, une peinture égyptienne représentant la tête d'Aménophis III, tirée de son tombeau à Thèbes, rapportée d'Égypte par M. Nestor L'Hôte, et donnée par M. Letronne.

Auprès, un fragment d'une peinture égyptienne, sur une paroi de muraille en terre, ou espèce de *pisé*, représentant un champ de lotus dans lequel sont des oiseaux et des papillons. On y voit les mères apportant la nourriture à leurs petits, dans leurs nids ; un oiseau couvant ses œufs : un chacal vient attaquer l'un des nids, et un ichneumon s'approche de l'autre.

Sur l'autre bureau, une peinture égyptienne tirée, comme la précédente, des hypogées de Thèbes, et rapportée d'Égypte, par M. Cailliaud.

Au milieu de la galerie, le *Parnasse français*, dédié au roi, en 1718, par *Titon du Tillet*. Pégase s'élance du haut du Parnasse. Apollon est assis sur le sommet et tient sa lyre ; il est représenté sous les traits de Louis XIV. Plus bas sont représentées comme les trois Grâces, Mme de la Suze, Mme Deshoulières, Mlle de Scudéri. Pierre Corneille est debout à droite, sur le devant ; il a une flamme sur la tête, et tient un rouleau où sont inscrits les titres de ses chefs-d'œuvre, *le Cid*, *Cinna*. Devant lui est Molière assis, couronné de laurier ; un satyre lui présente un masque comique. En continuant de droite à gauche, suivent Racine, Racan, Lully portant le médaillon de Quinault ; ensuite Segrais, Lafontaine, Despréaux et Chapelle.

Les figures de Voltaire, de J.-B. Rousseau et de Crébillon, y ont été jointes depuis. (Voyez *Description du Parnasse français*, etc., par M. Titon du Tillet. Paris, 1760, in-fol.)

Dans la même galerie sont placés les bustes en marbre de Jérôme Bignon, bibliothécaire, né en 1590, mort en 1656, et de Jean-Paul Bignon, abbé de Saint-Quentin, aussi bibliothécaire, né en 1662, mort en 1743.

Au milieu de la grande galerie, le modèle des pyramides d'Égypte, fait par feu M. le colonel Grobert.

Dans l'embrasure d'une croisée, l'empreinte en plâtre de la triple *inscription de Rosette*. La célèbre inscription dite de Rosette, parce qu'elle a été trouvée dans cette ville, est gravée sur une pierre. Elle est écrite en trois sortes de caractères : les *hiéroglyphiques* ou caractères sacrés des Egyptiens, les *démotiques* ou caractères vulgaires, et leur traduction en grec. Elle contient un décret des prêtres de l'Égypte en l'honneur de Ptolémée V, Épiphane. Les premières empreintes de cette inscription ont été rapportées d'Égypte en France par le général Dugua, en 1803. Celle-ci a été donnée à la Bibliothèque royale par M. Letronne, conservateur du Cabinet des médailles.

Les ouvrages à consulter sur ce monument sont : *Lettre à M. Chaptal*, par le baron Sylvestre de Sacy, 1802 ; *Lettre de M. Ackerblad à M. de Sacy*, 1802 ; *Éclaircissements sur l'inscription grecque du monument trouvé à Rosette*, par Ameilhon, Paris 1803 ; *Hiéroglyphics*, etc., par le docteur Young, Londres, 1800; *Mémoire de Champollion*, lu à l'Académie des inscriptions et belles-lettres en 1822; dans la *Notice sur sa vie et ses ouvrages*, par M. de Sacy; *Lettres à M. l'abbé Gazzera*, par M. Salvolini, Paris, 1832 et 1833; *Analyse de différents textes égyptiens*, par le même, 1 vol. in-4°, Paris, 1836; *Lettres sur la dynastie des Lagides et sur l'inscription de Rosette*, par Consinery (*Mag. encyclop.*, t. 3, p. 106, 1807).

Dans la galerie suivante, devant le buste de S. M. Louis-Philippe, une montre renfermant un choix des reliures les plus anciennes et les plus curieuses, tirées des bibliothèques de François Ier, Henri II, Henri IV, Gaston d'Orléans, Mazarin, Bossuet, Groslier, de Thou, et des reliures étrangères.

Dans la troisième galerie, la statue de Voltaire en plâtre bronzé, moulée sur la statue en marbre exécutée par M. Houdon, que l'on voit dans le péristyle du Théâtre-Français.

Dans un salon de communication, qui conduit au département des manuscrits et à celui des estampes, est une cuve de porphyre qui était jadis à Saint-Denis, et dans laquelle on dit que Clovis reçut le baptême des mains de saint Remi. Elle fut apportée de Poitiers et donnée par Dagobert à cette église. (*Voyez* D. Felibien, page 20.) Caylus en cite une semblable qui servait de fonts baptismaux à l'église cathédrale de Metz, t. v, p. 322, pl. 117.

Au dessus d'une porte, un manuscrit égyptien sur papyrus.

Sur le même pallier sont les galeries des manuscrits, dont nous nous bornerons à donner une courte indication, leur description particulière n'entrant pas dans le plan de cet ouvrage.

DÉPARTEMENT DES MANUSCRITS.

Le département des manuscrits occupe dix pièces, au nombre desquelles est la galerie Mazarine, longue de quarante-quatre mètres ou vingt-trois toises deux pieds sur trois toises quatre pieds de large. Elle faisait anciennement partie de l'appartement du cardinal Mazarin. Elle est éclairée par huit croisées ornées de paysages peints par *Grimaldi Bolognèse*. En face des croisées sont des niches ornées de peintures du même. Elles sont maintenant cachées par des tablettes remplies de manuscrits. Le plafond a été peint par *Romanelli*, en 1651. Il représente divers sujets de la fable, entremêlés de camaïeux, de médaillons et d'ornements très-bien exécutés. Ce plafond en berceau, et peint à fresque, est le plus beau en ce genre que l'on connaisse après celui de la galerie Farnèse. Romanelli, meilleur peintre que Piètre de Cortone, avait été forcé de quitter l'Italie à cause de la vogue exclusive que le mauvais goût de ce temps assurait à son rival.

Cette galerie et les salles qui en dépendent sont tout ce qui reste des immenses travaux que le cardinal Mazarin avait fait exécuter en France : ces débris, d'une époque encore si rapprochée de nous, sont d'autant plus précieux qu'on n'a rien conservé des monuments non moins remarquables qu'avait élevés le cardinal de Richelieu.

Le plafond de la salle des manuscrits chinois est peint par Simon Vouet, maître de Le Sueur et de Lebrun. Cette salle était la chambre à coucher du cardinal.

Il y a, dans les montres sous verre, des manuscrits de différents genres exposés aux regards des curieux : ce sont ceux qui leur offrent l'écriture des personnages célèbres. Cette exposition, intéressante pour le public, ne peut cependant donner une idée de la richesse imposante de ce dépôt, dont l'origine remonte à Charles V. En effet, l'imprimerie n'était pas encore inventée, et ce roi, à qui le roi Jean, son père, n'avait laissé qu'une vingtaine de volumes, était parvenu à en rassembler à peu près neuf cents dans la tour de la librairie, au Louvre. Tels furent les faibles commencements de ce trésor si riche aujourd'hui, et dans lequel on conserve environ cent mille manuscrits grecs, latins, français, dans les langues orientales et dans celles de toute sorte de peuples.

CABINET DES ESTAMPES, CARTES ET PLANS.

DANS L'ESCALIER DES MANUSCRITS,

A l'entresol.

La première pièce offre un choix d'estampes encadrées, précieuses par leur beauté et par leur rareté. Elles donnent une idée des plus belles pièces dans chaque genre. On peut s'en procurer la *notice* au Cabinet des estampes (1).

Les armoires de cette pièce, ainsi que celles de la galerie à côté, renferment environ quatre mille volumes, contenant près de *deux millions* d'estampes de costumes, de paysages, de portraits des meilleurs maîtres; des suites historiques, mythologiques, etc., et des œuvres complètes de *Raphael, Michel-Ange, Poussin, Le Brun, Le Sueur, Edelinck, Nanteuil, Schmidt, Audran, Jules Romain, Mariette, Moreau* et des graveurs modernes.

Cette collection est précieuse, non-seulement pour les artistes et les amateurs, mais même pour tous les curieux qui peuvent consulter des recueils de costumes, de paysages, de fleurs, ou des collections telles que la galerie de Florence, celle du Palais-Royal, celle du Musée français, et d'autres.

On a joint, depuis quelque temps, à ce département, celui des plans et cartes géographiques.

SALLE DES GLOBES.

Au rez-de-chaussée.

Dans une salle au rez-de-chaussée se trouvent les deux beaux globes de Coronelli, frère mineur, né à Venise, et mort en 1718. A droite est le globe céleste; à gauche, le globe terrestre. Ils

---

(1) *Notice des estampes exposées à la Bibliothèque royale*, par M. Duchesne aîné, Paris, 1837, chez Charles Heideloff, rue Vivienne, n° 16.

étaient jadis à Marly, et furent apportés à la Bibliothèque en 1731. Pour pouvoir les placer, on arrangea deux salles l'une au-dessus de l'autre, et le plancher fut percé en deux endroits où l'on circule autour d'une balustrade en fer.

Les globes ont trois mètres quatre-vingt-sept centimètres, ou onze pieds onze pouces six lignes de diamètre, ce qui fait onze mètres ou trente-quatre pieds six pouces de circonférence. Les grands cercles de bronze qui en sont les horizons et les méridiens sont l'ouvrage de Butterfield : ils sont posés chacun sur un pied en bronze orné d'une boussole. On voit sur ces globes plusieurs inscriptions à la louange de Louis XIV, qui apprennent qu'ils ont été dédiés à ce prince par César, cardinal d'Estrées, en 1683. Le portrait du roi s'y trouve peint, ainsi que celui du savant Coronelli.

On voit dans la même salle :

Deux tours chinoises en porcelaine, imitées de celles qui sont à Nankin.

Un lingam indien (symbole de la génération), donné par M. Ducler.

Trois monuments du culte de Bouddha, donnés à la Bibliothèque par M. le colonel Franklin.

SALLE DU ZODIAQUE.

Les marbres, statues, bas-reliefs et tombeaux, qui forment une partie intéressante d'une collection d'antiquités, sont réunis dans une salle basse où est placé le zodiaque de Dendera, qui a d'abord été déposé dans une des salles du rez-de-chaussée du Musée du Louvre.

Ce zodiaque formait une partie du plafond d'une petite pièce du temple de Dendera (1); il a été apporté en France par M. Lelorrain, en 1821, et payé 150,000 francs.

Ce monument, dont on a fait tant de bruit, a beaucoup perdu

---

(1) L'ancienne Tentyris, dans la Haute-Égypte.

de sa réputation, depuis que le savant Champollion, dont les sciences déplorent la perte récente, l'a dépouillé du prestige de sa haute antiquité. Dupuis, dans son *Origine des cultes*, s'en était servi comme d'une preuve irrécusable de ses calculs astronomiques. Tout l'échafaudage est tombé devant l'explication d'un cartouche où se trouve le nom d'un empereur romain.

On trouvera les faits qui se rattachent à la découverte du zodiaque de Dendera et à son transport en France, ainsi que les opinions des divers savants sur ce monument, dans la notice publiée par M. Dumersan, un vol. in-8° avec figures. Paris, 1824.

Au fond de la salle, sont des cercueils de momies, en bois de sycomore, peints et ornés d'hiéroglyphes, et dont les différentes physionomies indiquent les contrées diverses où ils ont été fabriqués. On en remarquera un dont les traits grossiers et écrasés appartiennent évidemment à l'Éthiopie.

On voit auprès une empreinte, en plâtre, d'un monument babylonien qui représente un roi, en relief, couvert de caractères persépolitains. Ce sujet est sculpté sur un rocher, près de Beyrut, l'ancienne Bérytus, près d'un monument des conquêtes de Sésostris, dans un défilé qui conduit à la Syrie.

Un cercueil ou urne étrusque de forme humaine, auquel la tête sert de couvercle. Ce monument curieux a été publié et expliqué par M. Raoul-Rochette, dans ses *Monum. inéd.*, *Odysséide*, p. 272, pl. 65.

Cette salle contient une grande quantité de bustes, de statues, d'autels, de tombeaux, de bas-reliefs et de monuments égyptiens, grecs et romains, dont on donnera plus tard une description particulière.

On possède encore, dans le Cabinet, deux bas-reliefs en terre cuite, qui étaient jadis dans le collége romain. Ils représentent, l'un, Pénélope pleurant l'absence d'Ulysse; l'autre, Ulysse reconnu par sa nourrice Euryclée, en présence de son pasteur Eumée; près de lui, Argus, son chien fidèle. (*Voyez* Millin, *Monum. inéd.*, 11, 40 et 41; et Winckelmann, *Hist. de l'art.*,

t. 1, p. 496, et t. 3, p. 258, et *Monum. inéd.*, n° 161, part. 2, cap. 53, p. 217.)

Au bas de l'escalier de la salle de lecture.

Un autel en pierre, trouvé, en 1784, dans des fouilles faites au Palais de justice. Il représente quatre divinités gauloises. Ce monument a été décrit par M. Grivaud, *Recueil de monuments antiques.* Paris, 1817, t. 2, p. 127, pl. 15. Il est reproduit dans Dulaure, *Histoire de Paris*, t. 1, p. 116, pl. 4.

Une statue de Cicéron, en plâtre bronzé, par feu Houdon.

On a incrusté dans le mur une soixantaine d'inscriptions grecques et romaines, la plupart publiées dans *Caylus, Montfaucon,* dans les *Mémoires de l'Académie des belles-lettres*, et dans les *Recueils de Gruter, Muratori,* etc.

Au bas du grand escalier de la Bibliothèque.

On voit un fragment d'une mosaïque trouvée à Saint-Rustice, près de Toulouse, par M. Soulages, en 1834, dans d'anciens thermes ou bains. Ce pavé, de plus de quarante pieds, représente des fleuves et des divinités marines. On voit ici Thétis et Triton, avec leurs noms écrits en grec. Triton joue de la syrinx. On voit qu'il ne se servait pas uniquement de cette conque, dont le son effraya les géants, et que les anciens en font un musicien. On le voit jouant de la double flûte, sur le beau camée de notre cabinet, n° 93.

FIN DE LA DESCRIPTION DES MONUMENTS.

NOTICE

SUR

LA BIBLIOTHÈQUE ROYALE.

———

Le premier de nos rois qui eut une bibliothèque fut Charles V. Elle était placée au Louvre dans la tour de la librairie, gardée par Gilles Mallet, et n'était composée que de neuf cent dix volumes manuscrits. Elle fut dissipée sous le règne de Charles VI, et celui de Charles VII fut trop orageux pour que ce prince songeât à la rétablir. Sous François Ier, elle n'était encore que de deux mille volumes, mais l'imprimerie venait d'être inventée, et ce roi, qui aimait les sciences et les arts, l'augmenta beaucoup, et la fit placer dans le château de Fontainebleau. Catherine de Médicis l'enrichit considérablement de médailles et de manuscrits qu'elle apporta de Florence. Les troubles de la ligue vinrent encore détruire cette collection, et les restes en furent déposés dans une maison de la rue de la Harpe, puis dans l'enceinte du couvent des Cordeliers.

Sous Louis XIII, les gages du *maistre de la librairie* étaient de 1200 livres. Il y avait sous lui des gardes qui avaient leurs logements proche de cette librairie, avec 400 liv. d'appointements. En 1664, sous Jérôme Bignon, ces gardes étaient Jean Gosselin, Isaac Casaubon, Nicolas Rigaut, Claude Saumaise et Hautin.

En 1666, Colbert acheta des héritiers de M. de Beautru deux maisons voisines de son hôtel, rue Vivienne; il les fit disposer convenablement, et les livres y furent transportés, afin de les rapprocher du Louvre, où Louis XIV voulait placer magnifiquement la Bibliothèque.

Pierre et Jacques Dupuy, qui avaient eu successivement la garde de cet établissement, l'avaient augmenté par le legs de leurs livres. Gaston de France, duc d'Orléans, pria le roi, par son testament , d'accepter sa bibliothèque et les diverses curiosités qu'il avait rassemblées. Hippolyte, comte de Béthune, lui donna aussi, par son testament, quinze cents volumes in-folio manuscrits, intéressants surtout pour l'histoire.

La Bibliothèque prit alors un plus haut degré d'accroissement. Louis XIV envoya dans tous les pays du monde, avec des dépenses extraordinaires, des savants et des personnes intelligentes, pour faire la recherche et l'acquisition de livres, d'estampes et de médailles.

On acheta les cabinets et les bibliothèques d'Auguste de Loménie , comte de Brienne, de Fr. Roger de Gaignières, de Charles d'Hozier, fameux généalogiste; les manuscrits d'Etienne Baluze ; enfin , ceux de Colbert, qui possédait la collection la plus considérable de l'Europe.

Le legs qu'avait fait le savant Huet , évêque d'Avranches , de sa bibliothèque, à la maison des jésuites, étant devenu nul par la destruction de cet ordre , cette bibliothèque fut rendue juridiquement à l'héritier de ce savant prélat, M. de Charsigné , abbé de Fontenay, qui en fit hommage au roi. Ces huit mille deux cent soixante-onze volumes, presque tous avec des notes de la main de Huet, furent réunis à la Bibliothèque royale. Quelque temps avant, elle s'était encore enrichie de près de douze mille volumes de la bibliothèque de Falconet.

En quelques années, la Bibliothèque du roi posséda environ trente-trois mille manuscrits et cent mille volumes imprimés.

La destruction des couvents et des maisons religieuses a depuis beaucoup contribué à sa richesse.

On comptait dans Paris plus de trente bibliothèques, dont les principales étaient celles des *Jacobins*, des *Feuillants*, et des *Capucins* de la rue Saint-Honoré ; celles de la *Sorbonne*, de l'abbaye *Saint-Victor*, de *Saint-Germain-des-Prés*, des *Blancs-Manteaux*, etc. Les unes possédaient dix à douze mille volumes, les autres vingt à vingt-cinq mille. La Bibliothèque a puisé dans ce fonds tout ce qu'il y avait de plus rare et de plus utile.

L'immense quantité de livres qui a été composée depuis le règne de Louis XIV, et qui ne cesse de s'accroître en Europe depuis quarante ans, et en France depuis la liberté de la presse, n'a pas peu contribué à l'augmenter. Enfin, ce vaste dépôt des connaissances humaines va porter aux siècles les plus reculés le fruit des savantes veilles et des utiles travaux, en même temps que les productions légères qu'un jour avait vu naître et mourir. On y compte maintenant plus de *huit cent mille* volumes.

La bibliothèque du cardinal Mazarin était autrefois dans le bâtiment de son hôtel qui a été joint à ceux de l'hôtel Colbert. Ce ministre fit faire la porte de la rue Richelieu « pour que les « savants et gens venant étudier ne fussent point obligés d'avoir « affaire aux valets. »

Jusqu'à l'époque de sa translation au collège Mazarin, la bibliothèque du cardinal continua d'occuper plusieurs des galeries actuelles de celle du roi, dans le corps de bâtiments alors connu sous le nom d'hôtel de Nevers. On y voit encore dans tous les détails des ornements, des portes, et dans les peintures des plafonds les chiffres et les armes du cardinal. Cette bibliothèque fut remise à la maison et société de Sorbonne, en vertu des dispositions du testateur, le 14 avril 1688. Les salles qu'elle occupait sont maintenant celles du département des manuscrits (1).

L'entrée de la Bibliothèque est encore celle que fit faire le cardinal Mazarin : le marteau de la porte est orné de l'étoile qui était dans ses armes.

On monte aux galeries par un fort bel escalier, dont la rampe en fer est un ouvrage remarquable de serrurerie. Le plafond de cet escalier était autrefois orné de peintures d'un Italien nommé

(1) *Voyez* la *Préface* du *Catalogue* imprimé de la Bibliothèque du roi ; le *Traité des bibliothèques*, par le P. Louis Jacob ; et l'ouvrage sur les *Bibliothèques*, par feu Petit-Radel.

Pelegrini, qui les avait faites du temps du cardinal Mazarin. On a été obligé de raccommoder ce plafond qui tombait de vétusté, et les peintures ont disparu.

On entre de cet escalier dans une grande galerie séparée en trois parties, formant deux retours d'équerre. Elle a environ deux cent vingt-cinq mètres ou cent quinze toises de longueur, et est éclairée par quarante-six croisées donnant sur la cour. Sur les murs, sont distribués dans toute la hauteur, des corps d'armoire d'une menuiserie sculptée. Cette hauteur est divisée par un balcon en saillie qui règne tout autour de la bibliothèque, et qui sert à atteindre les livres dans la plus grande élévation ; on y monte par de petits escaliers pratiqués derrière la boiserie.

La Bibliothèque du roi n'a été ouverte au public qu'en 1747.

FIN DE LA NOTICE SUR LA BIBLIOTHÈQUE ROYALE.

HISTOIRE

DU

CABINET DES MÉDAILLES.

SECONDE PARTIE.

ORIGINE DU CABINET DES MÉDAILLES.

FRANÇOIS Ier, qui eut le titre de Père des lettres, fut aussi le protecteur des arts. Il encouragea ceux qui s'y distinguèrent, accueillit leurs ouvrages, et, dans les objets qu'il fit acheter à grand prix en Italie, les médailles et les pierres gravées ne furent pas moins recherchées que les statues et les tableaux. Parmi les artistes qu'il fit venir en France, il n'oublia pas les graveurs en pierres fines : on sait que ce prince les honora souvent de sa familiarité, et qu'il se plaisait à voir leurs travaux et à s'entretenir avec eux de tout ce qui concernait leur art (1).

Le père du Molinet, dans son *Histoire du Cabinet des médailles* (2), dit, en parlant des médailles dont François Ier avait le goût : *On en voit, dans le Garde-meubles de la couronne, qui y ont été mises de son temps. J'y ai observé un certain bijou de vermeil doré, fait en manière de livre, à l'ouverture duquel on remarque, de chaque côté, une vingtaine de médailles d'or et du Haut-Empire, qui y sont enchâssées, et dont la netteté est plus*

---

(1) Cellini, *Trattato sopra l'orificeria*, cap. 3, p. 29.
(2) *Mercure de France* de mai 1719, p. 46.

considérable que la rareté. Il ajoute qu'il y avait une centaine de médailles d'argent enchâssées dans un service aussi d'argent, dans des bassins, des aiguières, des salières et d'autres pièces, pour y servir d'ornements.

Toutes les autres médailles que François Ier posséda successivement, il les fit aussi remettre au Garde-meubles, excepté quelques-unes qu'il garda auprès de lui.

Malheureusement, on ne sait ce que sont devenus ces bijoux et ces médailles.

1556.

HENRI II hérita du goût de son père, et ce fut sous son règne que Hubert Goltzius voyagea dans l'Europe pour visiter les cabinets des *curieux de médailles.* Ce savant antiquaire remarqua, en France seulement, deux cents cabinets : il en compte vingt-huit à Paris, et vingt-quatre en cour, et cite parmi les noms illustres des possesseurs de médailles, le roi, la reine Catherine de Médicis, le prince de Condé, les cardinaux de Bourbon et de Lorraine, de Tournon, d'Armagnac, de Châtillon, de Givri, les ducs de Lorraine, de Nevers, de Montmorency, le chancelier de l'Hospital, le président Brisson, et plusieurs autres. Les dames mêmes, dit-il, donnaient dans cette curiosité, comme la princesse de Condé, et Diane de Valentinois.

Catherine de Médicis fit mettre dans la bibliothèque de Fontainebleau les médailles qu'elle avait apportées en France, avec les rares manuscrits de la bibliothèque de Florence, qui étaient les restes de celle des empereurs de Constantinople.

1565.

CHARLES IX fut aussi fort amateur d'antiquités : il résolut de former un cabinet des objets qui avaient été rassemblés précédemment, et de ce qu'il avait lui-même recueilli en médailles et antiques ; le tout fut réuni ; il destina un lieu particulier dans le Louvre pour y arranger et y conserver ces antiquités, et créa exprès une place de garde particulier des médailles et antiques (1).

Ce prince ayant appris que la collection de M. Groslier, mort en 1565, avait été transportée à Marseille pour la faire passer de là à Rome, il l'acheta de ses héritiers, et joignit ces nouvelles richesses à celles qu'il avait déjà.

Les guerres civiles qui survinrent et qui troublèrent si cruellement la France, ne permirent pas à Charles IX d'accomplir le projet dont il avait commencé l'exécution. Son cabinet fut presque entièrement dissipé. Il vit enlever sous ses yeux et en peu de temps presque toutes ses médailles et antiques, au moment même où il venait de leur faire préparer un emplacement digne de recevoir de semblables trésors. Le père Louis Jacob (2) dit que ce cabinet de Charles IX passait pour une merveille du monde, par ses *raretés* et *antiquités*.

1608.

HENRI IV, commençant à jouir de quelque repos après les années orageuses de son règne, voulut faire refleurir les sciences et les arts, que la guerre avait bannis de la France. Il paraît qu'il avait toujours eu un goût particulier pour les pierres gravées, car la poignée de son épée en était ornée (3), et l'on conserve encore les douze boutons de son pourpoint, qui sont les têtes des douze Césars gravées sur coquilles (4). Il conçut le dessein de rétablir le cabinet d'antiquités que les rois ses prédécesseurs avaient commencé à former.

On lui parla du sieur Rascas de Bagarris, gentilhomme

---

(1) *Préface* du *Catalogue* des livres de la Bibliothèque du roi.
(2) *Traité des Bibliothèques*, p. 478.
(3) *Description du Cabinet des médailles*, ci-dessus, p. 5.
(4) *Ibid.*, p. 124, n° 592.

provençal (1), amateur d'antiquités, et possesseur de médailles
et de pierres gravées, qu'il choisit pour exécuter le projet qu'il
avait formé.

Bagarris vint à la cour en 1608, et eut un long entretien avec
le roi, qui y prit beaucoup d'intérêt. Il raconte lui-même, dans
ses *Mémoires* (2), qu'il fut introduit dans la chambre de S. M. par
MM. d'Attichy, intendant des finances, et de Beringhen, premier valet de chambre du roi, et qu'après lui avoir montré des
médailles romaines et des pierres gravées dont il décrit les plus
intéressantes, le roi retint le tout, pour joindre ces antiquités
aux débris de celles de Charles IX et de celles de Catherine de
Médicis, et pour en faire la base d'un nouveau cabinet, que
l'on rendrait le plus complet possible, et qui serait placé dans
le château de Fontainebleau où était déjà la Bibliothèque
royale.

Le roi fit ensuite à Bagarris plusieurs questions sur les médailles, sur leur antiquité, sur leur différence d'avec les monnaies, et sur leur utilité. Bagarris discourut assez longuement
sur ce sujet ; il a fait imprimer l'espèce de discours qu'il fit au
roi, et qui contient un petit traité de numismatique assez curieux pour le temps.

Le roi ordonna à Bagarris de trouver des dessins de médailles pour en composer l'histoire de sa vie, et l'autorisa à faire la
recherche des monuments et des trésors de l'antiquité qui avaient
été dissipés pendant les troubles des guerres civiles, pour en enrichir les cabinets de ses maisons royales. Il lui en donna l'intendance sous le titre de maître des Cabinet, médailles et anti-

(1) La maison de Rascas est connue dès le XIe siècle. (*Voyez* l'*Histoire
héroïque de la noblesse de Provence*, in 4°, 1759, à Avignon.)

(2) *La Nécessité de l'usage des médailles dans les monnaies*, Paris, J.
Berjon, 1611, 1 vol. in-4° : ouvrage très-rare et incomplet ; il paraît qu'il
n'a pas été achevé ; il n'a que vingt-six pages, la dernière a pour réclame ;
le mot *Discours*.

quités de S. M.; Bagarris prit celui de *ciméliarche* (1), qui avait une forme plus scientifique et plus convenable à un antiquaire. La mort de Henri IV, arrivée deux ans après, suspendit toute cette affaire.

1611.

Au commencement du règne de Louis XIII, Bagarris fit tout ce qu'il put pour faire réussir ce que Henri IV avait projeté ; mais la grande jeunesse du roi, son peu de goût pour l'étude des médailles, et les guerres de religion qui survinrent, ne lui permirent pas de s'en occuper. Bagarris repartit pour la Provence, en 1611, avec les pierres gravées et une partie des médailles qu'il avait apportées.

Les pierres gravées de Bagarris furent acquises de sa veuve par M. Lauthier d'Aix en Provence; nous verrons plus loin qu'elles revinrent au Cabinet des médailles.

1644.

Après la retraite de Bagarris, l'intendance du Cabinet des médailles resta vacante pendant trente-trois ans ; elle fut donnée, vers 1644, à Jean de Chaumont, conseiller d'état, qui avait en même temps la garde de la bibliothèque particulière du roi, qu'on appelait *les livres du Cabinet du Louvre* (2).

Jean de Chaumont, né en 1580, remplit cette place jusqu'en 1664, et mourut, âgé de quatre-vingt-quatre ans, en 1667.

Son frère, Paul-Philippe de Chaumont, lui succéda. Il avait été reçu de l'Académie française en 1654, et il était lecteur de Louis XIV, qui lui donna, en 1671, l'évêché d'Acqs ; mais l'amour de l'étude le fit renoncer aux dignités : il remit son évê-

(1) Du mot latin *cimeliarcha*, garde d'un *cimelium*, d'un trésor, d'un cabinet de raretés.
(2) Le P. Louis Jacob, *Traité des Bibliothèques*, p. 478.

ché en 1671, pour se livrer tout entier à son penchant, et mourut à Paris en 1697.

Louis XIV peut être regardé comme le fondateur du Cabinet des médailles. Jusqu'à lui, on n'avait fait que des efforts infructueux ; mais ce monarque acheva ce que ses prédécesseurs avaient commencé. Le Cabinet des médailles n'est pas le moindre des établissements qui illustrèrent son règne, et qui donnèrent la preuve de son goût et de sa magnificence. Il fit d'abord réunir au Louvre tout ce qu'il y avait de médailles et d'antiquités éparses çà et là dans les maisons royales, et en forma la base d'un cabinet qui est devenu l'un des plus riches de l'Europe.

Une circonstance particulière vint, presque dès son origine, contribuer à l'enrichir considérablement.

1660.

Gaston de France, duc d'Orléans, oncle du roi, étant mort au mois de février, laissa au roi, par son testament, son cabinet composé de curiosités précieuses et de fort belles pierres gravées, qu'il avait rassemblées pendant sa retraite à Blois.

Il les avait eues presque toutes du président de Mesmes, et elles venaient originairement de Louis Chaduc, conseiller au présidial de Riom, qui les avait rapportées d'Italie. M. Letellier écrivit aussitôt à l'abbé Bruneau, bibliothécaire du duc d'Orléans, pour lui ordonner, de la part du roi, de veiller soigneusement à la conservation de tout ce qu'il avait en sa garde, et d'en envoyer un inventaire exact. L'empressement et la fidélité avec lesquels l'abbé Bruneau exécuta les ordres du roi lui méritèrent l'intendance du Cabinet des médailles et antiques, dans laquelle il succéda à Jean de Chaumont. Le présent de Gaston fut déposé au Louvre. L'abbé Bruneau ne garda pas long-temps sa place ; au mois de novembre 1666, il fut assassiné dans le Louvre par un voleur.

Cet événement est rapporté dans des vers assez curieux de

Loret, auteur d'une *Gazette burlesque;* on les trouve dans un recueil de lettres en vers adressées à Madame (Henriette d'Angleterre, duchesse d'Orléans). Nous les croyons assez curieux pour les rapporter ici. Ils sont datés du 21 novembre 1666.

> Un furieux et maudit fou,
> Ou bien détestable filou,
> Car je ne sçai pas sous quel titre
> Je doi parler de ce belitre,
> Les uns disant qu'en vérité,
> Il avait l'esprit très-gâté.
>
> Quoi qu'il en soit, ce méchant hère,
> Ayant été des contes faire,
> Dans une assez bonne maison,
> Sans suite, rime, ni raison,
> Bref, tissus de telle manière,
> Qu'il fut pris pour visionnaire,
> Par un bel esprit mêmement,
> Vint au Louvre dans le moment :
> Et, pour dire l'histoire en somme,
> Y trouvant seul un honeste homme,
> Qui s'appelait l'*abbé Bruneau*,
> De bayonnette ou de couteau,
> Le massacra dans sa demeure.
> Il en fut payé dessus l'heure,
> Par certain coup de mousqueton,
> Qui le fit tomber mort, dit-on,
> Du faiste de cet édifice;
> Mais, sans doute, un autre supplice
> Aurait son forfait expié,
> Et vif il eust esté roué.
> Mais, puisqu'ainsi la Providence
> En dispose, par sa puissance,
> Laissons-la faire, et poursuivons
> Ce que d'autre part nous sçavons.

1664.

On dressa un état des pierres gravées de creux et de relief du Cabinet du roi, que Colbert avait fait rapprocher de la Bi-

bliothèque royale, et qu'il avait confiées à M. de Carcavi, bibliothécaire du roi.

Dans cet état manuscrit, qui est à la Bibliothèque royale, il
est fait mention des pierres du chevalier Gualdi, récemment
apportées de Rome.

1667.

M. de Monceaux fut envoyé dans le Levant pour rechercher
des médailles et des manuscrits, ainsi que Petis-de-Lacroix,
Paul Lucas et Vaillant. M. de Nointel, ambassadeur à Constantinople, envoya aussi en France des médailles et des monuments.

1670.

M. Lauthier, d'Aix en Provence, qui était né avec de la fortune et le goût des arts, avait appris auprès de Peiresc à connaître
les pierres gravées dont il forma une très-belle et très-curieuse
collection. Il recueillit, à la mort de Peiresc, les débris de son
cabinet (1), et, long-temps après, les pierres gravées de Bagarris;
il avait acheté de sa veuve le cabinet entier de cet antiquaire.

Après sa mort, le chevalier Lauthier, son fils, capitaine de vais-
seau et maître-d'hôtel de Madame Henriette d'Angleterre, eut,
dans sa part de la succession de son père, le lot qui renfermait
les pierres gravées. Dans un voyage qu'il fit en Angleterre à la
suite de Madame Henriette, il fit voir ses pierres gravées à
Charles II, qui eut d'abord quelque envie de les acquérir, mais
qui bientôt n'y songea plus. A son retour, il les laissa dans les
mains de son frère aîné, avocat au conseil et secrétaire du roi,
qui en fit le marché pour le Cabinet de France, où elles sont
encore aujourd'hui. Parmi ces pierres intailles, présentées à
Henri IV par Bagarris, et acquises de M. Lauthier, on remarque : le Mécène de Dioscoride, n° du Cabinet, 456; une Bac-
chanale, 781; la Ménade en délire, 228; le triomphe de Silène,

___
(1) Baudelot de Dairval, *Utilité des voyages*, t. 2, p. 689.

762; le cachet de Michel-Ange, 773, et deux pierres nommées Miltiade et Marcellus, que nous avons classées parmi les têtes inconnues. On voit qu'à l'exception du Mécène, ces pierres étaient de travail moderne.

1684.

M. de Louvois, devenu surintendant des bâtiments après la mort de Colbert, fit transférer à Versailles les médailles et les pierres gravées; on les plaça dans un cabinet, près de l'appartement du roi.

Le grand âge de M. de Carcavi ne lui permettant plus de s'en occuper, M. Rainssant (1) fut chargé de disposer et classer les médailles dans les nouveaux meubles construits à cet effet.

M. Rainssant, comprenant toute l'importance et la difficulté d'un pareil travail, s'attacha M. Oudinet, son parent, et engagea le célèbre Vaillant à l'aider de ses lumières.

Pendant qu'on arrangeait les médailles, le roi venait presque tous les jours au sortir de la messe jusqu'au dîner voir ce travail, et témoigner, dit le père du Molinet, *qu'il y avait d'autant plus de satisfaction, qu'il y trouvait toujours quelque chose à apprendre.*

Morell, Suisse de nation et très-bon dessinateur, fut chargé, à

---

(1) M. Rainssant avait seul le titre d'*antiquaire et garde des médailles de S. M.* Le savant Vaillant, qui lui prêta son secours, est un des plus féconds et des plus laborieux auteurs qui aient illustré la numismatique. Il avait commencé l'étude de la médecine, lorsqu'un hasard lui fit voir des médailles, et alluma subitement en lui, pour ce genre de monuments, une passion qui dura toute sa vie. Il fit plusieurs voyages, et ce fut au retour d'une de ses excursions scientifiques que, près d'être pris sur mer par un corsaire de Tunis, il avala une quinzaine de médailles d'or, sans s'inquiéter des dangers que ce singulier expédient pouvait lui faire courir. On ajoute qu'il promit à un amateur de ses amis l'une de ces médailles, et que beaucoup de temps s'écoula avant qu'il pût contenter l'impatience qu'avait cet amateur de posséder la médaille rare dont il était le dépositaire.

cette époque, de dessiner les médailles du Cabinet du roi (1).

Le Cabinet possède la collection de ces nombreux dessins exécutés à la plume avec assez de fidélité. Ils sont disposés comme l'étaient les tablettes du médaillier, et accompagnés d'explications manuscrites, qui furent rédigées par MM. Rainssant et Oudinet. Le roi lut ces explications, et témoigna toute sa satisfaction aux deux savants. M. de Louvois, voyant tout l'intérêt que le roi prenait à son Cabinet de médailles, s'empressa de chercher tous les moyens de l'enrichir. Il recommanda de rechercher des médailles de tous côtés; il écrivit aux ambassadeurs et aux résidents auprès des cours étrangères, pour qu'ils ne perdissent aucune occasion d'augmenter le Cabinet du roi.

Il fit plusieurs acquisitions très-importantes, entre autres celles des cabinets de M. le duc de Verneuil, de M. de Monjeux, et la belle suite des rois de Syrie, qui servit à Vaillant pour composer leur histoire numismatique. Il envoya aussi plusieurs savants voyager dans les contrées où se trouvent le plus de monuments et de médailles.

Enfin, pour avoir sur la Bibliothèque et sur le Cabinet des médailles une entière autorité, il traita de l'intendance de ce cabinet avec Louis Colbert qui en avait été revêtu après la mort de l'évêque d'Auxerre, son oncle, et en fit expédier les provisions en faveur de Camille le Tellier, âgé de neuf ans, et qui fut depuis l'abbé de Louvois.

Vers cette époque, M. de Harlay, procureur-général, et depuis premier président, offrit au roi son cabinet, riche en monnaies des rois de France; on en tira deux cents pièces, et M. le

---

(1) Morell avait beaucoup d'érudition et de modestie. Il refusa la place de garde du Cabinet des médailles, parce qu'on exigeait pour condition qu'il embrasserait la religion catholique. Il fut mis deux fois à la Bastille, par l'ordre de Louvois, pour s'être plaint avec franchise que le roi ne l'avait pas récompensé du travail qu'il lui avait demandé. La liberté lui ayant été rendue pour la deuxième fois, il se retira en Allemagne, où il mourut en 1705.

Blanc se servit de cette collection pour son *Traité historique des monnaies de France*, publié en 1690.

L'abbé Bizot, grand amateur de monnaies modernes, fut employé par M. de Louvois à la recherche de ce genre de pièces dont il enrichit considérablement la suite du roi, et il en dressa le catalogue conjointement avec le père du Molinet.

On s'occupa aussi de la collection des pierres gravées.

Plusieurs églises firent alors présent au roi de celles qui étaient enfouies dans leurs trésors, mêlées avec des reliques, et souvent sous de fausses dénominations qui en déguisaient les sujets (1).

On fit l'acquisition de celles du président de Harlay, on y joignit celles de M. Oursel, premier commis de M. de la Vrillière, et celles de M. Thomas Lecointe qui prenait le titre d'antiquaire du roi.

M. Fesch, professeur en droit à Basle, fit présent au roi de la belle améthyste gravée par Pamphile, représentant *Achille cytharœde*. (*Voyez* ci-dessus, page 87, n° 394.)

Quant à la suite des médailles modernes, elle avait été commencée du temps de Colbert. Les ambassadeurs dans les cours étrangères étaient chargés d'envoyer au Cabinet les médailles qu'on y frappait successivement, et celles qu'on y avait frappées auparavant. A la mort de Colbert, en 1683, cette correspondance fut interrompue, et la suite des médailles modernes étrangères, devenue très-riche par ses soins, resta long-temps à peu près dans l'état où il l'avait laissée.

1689.

M. Rainssant (2) fut trouvé noyé dans la pièce d'eau du parc

---

(1) *Voyez* l'*Apothéose de Germanicus*, ci-dessus, p. 118, n° 179; *Minerve* et *Neptune*, p. 109, n° 36. Ces pierres ont été décrites par M. Oudinet, dans les *Mémoires de l'Académie des belles-lettres*, t. 1, p. 276.

(2) On a de M. Rainssant une *Dissertation sur douze médailles des jeux séculaires de Domitien*, Versailles, 1684, in-4°.

de Versailles, le 7 juin de cette année. Son parent, M. Oudinet, qui lui avait été adjoint pour l'arrangement des médailles, lui succéda, et mourut en 1712. Il avait eu du roi en récompense de ses travaux une pension de 1,500 fr. ; il avait été reçu en 1701 membre de l'académie des inscriptions et belles-lettres.

1691.

Par un arrêt du conseil du 25 juillet de cette année, le roi se réserva de donner ses ordres sur tout ce qui concernait sa Bibliothèque et *le Cabinet des médailles* qui avaient été jusqu'alors sous l'autorité et la direction du surintendant des bâtiments. En conséquence, par un autre arrêt du conseil du 2 août suivant, il fut ordonné que M. l'abbé de Louvois ferait les fonctions de maître de la librairie, intendant et garde du Cabinet des livres, manuscrits, *médailles* et raretés antiques et modernes, etc., sous l'autorité de S. M. seulement.

Cependant l'abbé de Louvois était trop jeune pour ordonner par lui-même, et l'archevêque de Reims, son oncle, continua d'exercer dans la Bibliothèque du roi le même pouvoir qu'il avait eu pendant la vie de M. de Louvois.

1712.

M. Simon fut choisi cette année pour garde des médailles par l'abbé de Louvois, et quitta l'habit ecclésiastique, parce que Louis XIV, qui n'avait jamais vu que des laïques dans cette place, ne voulut jamais la donner à d'autres (1). On a de ce savant plusieurs dissertations dans les mémoires de l'académie des inscriptions ; il mourut en décembre 1719.

---

(1) Je retrouve, dans les *Mémoires* particuliers du Cabinet des médailles, les noms des commis : en 1712, M. Vincenot ; en 1716, M. Godonesch ; ce dernier est remplacé, en 1720, par M. l'Advenant.

1719.

M. Gros de Boze succéda à Jean-François Simon , et fut pendant trente-six ans garde du Cabinet des médailles. En acceptant
cette place , ce savant fit hommage au Cabinet du roi de la suite
de médailles qu'il avait formée pour lui-même, et de plusieurs
monuments antiques qui commencèrent la collection fort peu
riche alors, et qu'enrichirent ensuite celles de M. Foucault , de
M. Mahudel et de M. de Caylus.

1721.

Louis XIV était mort en 1715 ; son jeune successeur ,
Louis XV, ne partagea pas le goût de son aïeul pour l'étude des
médailles, qui devenaient à Versailles un dépôt inutile. On songea bientôt à les reporter à Paris.

La Bibliothèque ayant été installée dans la grande galerie de
la Banque, rue Richelieu, on construisit au bout de cette galerie
un grand salon pour recevoir le Cabinet des médailles, et le régent en ordonna le transport par l'arrêt suivant :

« Louis, par la grâce de Dieu roi de France et de Navarre ,
« à notre cher et bien amé le sieur Couture, de notre académie
« des inscriptions et belles-lettres, et l'un de nos professeurs en
« éloquence, salut. Ayant ordonné par arrest ce jourd'hui rendu
« en notre conseil, nous y étant, que les recolements et inven-
« taire, ordonnez par autre arrest du vingt septembre dernier,
« des médailles, pierres gravées, livres et raretés antiques et
« modernes étant dans notre château de Versailles, seront con-
« tinués , et à cet effet aportés dans notre bibliotèque à Paris,
« dans des quaisses préalablement scellées par le secrétai : d'é-
« tat ayant le département de notre maison , en présence du
« sieur abbé Bignon, conseiller ordinaire en nos conseils d'état
« privé, intendant et garde de nos Bibliotèques et Cabinets
« avec le sieur Defourmont et avec vous , au lieu du sieur de

« Boze, à présent chargé de la garde des dites médailles sous
« les ordres du sieur Bignon. Nous, de l'avis de notre très-cher
« et très-amé oncle, le duc d'Orléans, petit-fils de France, ré-
« gent, et par la connaissance que nous avons de votre fidélité,
« capacité et expérience, vous avons commis et commétons par
« ces présentes signées de notre main, pour en exécution du dit
« arrêt cy attaché sous le contrescel de notre chancellerie, va-
« quer aux recollements et inventaire y ordonnés, car tel est
« notre plaisir. Donné à Paris, le vingt-septième jour de mars,
« l'an de grâce mil sept cent vingt, et de notre règne le cin-
« quième.

« *Signé* LOUIS.

« PAR LE ROY,

« *Le* DUC D'ORLÉANS, *régent, présent.*

« PHELIPPEAUX. »

L'inventaire et le recollement furent commencés le 18 novembre 1722, et clos le 10 mars 1723. Cependant cette ordonnance ne fut exécutée que dix-neuf ans après, ainsi que nous
l'apprend une note manuscrite portant ces mots :

« Le samedi 2 septembre 1741, sur les six heures du soir,
« sont arrivées de Versailles à la Bibliothèque deux charrettes
« chargées de vingt caisses, où sont les médailles du roi qui
« ont été apportées ici par ordre de S. M., pour être placées
« dans le magnifique salon qui est au bout de la Bibliothèque. »

Les médailles furent donc placées dans le local où elles sont
encore aujourd'hui ; mais les pierres gravées restèrent entre les
mains de M. d'Angiviller (1). M. de Boze commença l'arrangement des médailles dans les armoires disposées à cet effet. Mais

(1) Le comte Labillarderie d'Angiviller, surintendant des bâtiments du roi,
jardins, manufactures et académies, grand amateur de minéralogie, mort en
émigration en 1810.

ses autres occupations, entre autres celles que lui imposait sa place de secrétaire perpétuel de l'académie des inscriptions et belles-lettres, et la composition des médailles, inscriptions et devises demandées par les ministres, les villes et les corps, lui laissaient peu de temps pour ce travail, d'autant que M. de Boze, homme d'une minutieuse exactitude, travaillait lentement.

« Il mettait dans son air et dans ses paroles, dit l'abbé Bar- « thélemy (*Mémoires*, p. 24, 4ᵉ édition d'*Anacharsis*), une « dignité, un poids, qui semblaient relever ses moindres actions, « et dans ses travaux une importance qui ne lui permit jamais « de négliger les petites précautions qui peuvent assurer le « succès. »

Des acquisitions nombreuses continuaient d'enrichir le Cabinet des médailles ; nous ne pouvons les mentionner toutes ; mais nous devons parler de celles qui ont fait entrer dans le Cabinet des collections déjà célèbres par leur importance et par le nom de leurs possesseurs.

1745.

M. de Boze, sentant la nécessité de s'adjoindre un homme digne de le remplacer dans ses fonctions, que son âge commençait à lui rendre pénibles, avait jeté les yeux sur Bimard de la Bastie ; mais une mort précoce enleva ce savant estimable, et de Boze s'associa le jeune Barthélemy, arrivé à Paris depuis dix-huit mois seulement, et dont il devina la haute capacité.

Ce fut M. Barthélemy qui, à cette époque, inséra dans la collection du roi, que M. de Boze avait classée dans les médailliers, les médailles du maréchal d'Estrées et celles de l'abbé de Rothelin, et qui commença l'arrangement des bronzes du Cabinet des antiques.

Ces bronzes consistent en monuments de divers genres. Ce

sont d'abord les statuettes qui représentent les divinités des anciens, et dont une grande quantité est maintenant exposée dans le Cabinet (1). Ce sont ensuite les bustes, les vases, les lampes, les armes, les ornements, les ustensiles divers qui servaient au culte ou aux usages particuliers, les candélabres, les patères, les miroirs, les bracelets, les fibules ou agrafes, les romaines ou balances, les poids ; enfin toutes sortes d'objets dont on a exposé une partie pour donner une idée de ces monuments (2).

1750.

Deux ou trois ans avant la mort de M. de Boze, on obtint une ordonnance de 20,000 francs pour l'acquisition d'une riche collection de médaillons qui, du cabinet de M. l'abbé de Rothelin, avait passé dans celui de M. le marquis de Beauveau. Environ quatre cents médaillons et deux mille médailles furent insérées dans les suites du Cabinet.

1754.

La mort enleva M. de Boze, et l'abbé Barthélemy resta seul chargé de la garde du Cabinet des médailles. L'opinion publique le désignait depuis long-temps pour cette place.

1755.

Le maréchal de Lœwendal légua au roi un très-beau vase d'un seul morceau d'ivoire, monté en vermeil et orné de pierreries. Ce vase sculpté avec beaucoup de délicatesse représente un combat entre les Turcs et les Polonais. On croit que c'est la fameuse bataille de Chotzin où Jean Sobieski remporta une grande victoire sur les Turcs, en 1673.

---

(1) *Voyez* la première partie de cet ouvrage, p. 48 et suiv.
(2) *Idem*, p. 22 et suiv.

La même année, M. Barthélemy obtint une ordonnance de 22,000 francs pour acheter le cabinet de M. de Cary, de l'académie de Marseille, qui enrichit le Cabinet de plus de cent vingt médailles impériales en or, et de beaucoup de médailles grecques de villes et de rois. M. Barthélemy partit ensuite pour l'Italie avec les plus belles pièces prises parmi les doubles de M. de Beauveau, et il s'en servit pour rapporter, en 1757, environ trois cents médailles rares dont quelques-unes étaient uniques. (Pendant ce temps le Cabinet des médailles fut fermé).

M. Barthélemy acquit, moitié avec la somme de 20,000 fr., moitié par échange des doubles de M. de Cary, environ douze cents médailles qu'avait réunies M. de Clèves.

Il y avait dans cette collection quatre cent quatre-vingt-dix médailles en or des empereurs romains, qui avaient été acquises par M. Duhodent, et qui furent cédées par lui au Cabinet du roi.

La même année, le comte de Caylus, dont le cabinet curieux avait été publié par lui-même en sept volumes in-4°, fit don au roi de la plus grande partie des monuments qu'il renfermait ; il remit à M. Barthélemy ceux qui étaient gravés dans le deuxième, troisième et quatrième volume de son recueil, en mars 1762. Le reste fut remis après sa mort.

1771.

M. Anquetil remit au Cabinet du roi des monnaies et des poids orientaux décrits dans le Zend-Avesta, tome 1er, pages 505 et suivantes.

1772.

Pendant dix ans que M. Barthélemy avait été seul chargé du Cabinet des médailles, il y avait fait entrer à peu près vingt mille pièces antiques. Il sentit que le travail de ce Cabinet était au-dessus des forces d'un seul homme, et que tant d'augmentations successives nécessitaient le secours d'une personne instruite

11

et zélée il se fit adjoindre en 1772; son neveu Barthélemy de Courçay (1).

1776.

C'est en cette année que fut déposée au Cabinet la belle coupe d'or trouvée à Rennes, dont la description se trouve ci-dessus, page 46.

On reçut aussi une suite des médailles de Russie, d'environ cent cinquante pièces; quelques petits monuments curieux des peuplades du nord, et des idoles des Kamschadales et des Samoïèdes, en fer.

La plus grande acquisition que fit Barthélemy fut celle du cabinet de Pellerin (2), le plus riche qui fût en Europe, et qui était célèbre par la publication qu'en avait faite son savant possesseur. Cette belle suite, qui contenait trente-deux mille médailles, fut payée 3oo,ooo francs.

1780.

Les suites des médailles de Louis XIV furent déposées au Cabinet par M. de Fontanieu. L'une de ces suites est en or, de diverses grandeurs, l'autre d'une grandeur uniforme; elles contiennent les événements les plus remarquables du règne de

---

(1) L'année suivante, 1773, il fit créer une place de commis écrivain : elle fut remplie par M. Cointreau, qui ne fut point ce que sont maintenant les employés du Cabinet, mais un simple copiste, à qui l'on donnait 800 fr. par an, et une petite chambre dans la maison, pour l'avoir toujours sous la main.

(2) Joseph Pellerin, commissaire-général et premier commis de la marine, unissait à l'activité d'un homme d'affaires le savoir d'un homme de lettres. Ayant obtenu sa retraite après quarante ans de service, il consacra le reste de sa vie à l'étude de la numismatique, et publia la belle collection qu'il avait formée, en neuf volumes in-4°, intitulés : *Recueil de médailles de peuples, de villes, de rois*, etc., 1762, 1778. Il mourut à quatre-vingt-dix-neuf ans, le 3o août 1782.

ce prince. Elles sont décrites et gravées dans l'*Histoire métal-lique du règne de Louis XIV*. Un vol. in-fol., 1723. On déposa également la suite en or des médailles du règne de Louis XV.

1786.

M. Dombey, naturaliste, envoyé au Pérou en 1776 par M. Turgot, rapporta et déposa au Cabinet trois petites idoles d'or, deux plaques d'or trouvées dans un tombeau sur les yeux d'un Inca (1), et la tunique d'une vierge du temple de Pacha-kamac.

1787.

M. Cousinery, alors consul à Salonique (2), et qui depuis est devenu un de nos plus habiles numismatistes, commença dans cette année ses relations avec notre Cabinet, et envoya à l'abbé Barthélemy soixante-seize médailles, les unes d'Athènes, les autres de différentes villes de la Grèce, et la plupart des plus anciens temps de l'art monétaire.

---

(1) L'usage de mettre des plaques d'or sur les yeux des morts se retrouve en Égypte. M. Cailliaud a rapporté de ces plaques, qui sont exposées dans nos montres de bijoux. (*Voyez* p. 37.)

(2) Esprit-Marie Cousinery naquit à Marseille, en 1747; il fut successive-ment chancelier à Salonique, puis consul à Smyrne, à Rosette et à Salo-nique, depuis 1773 jusqu'en 1793; réintégré dans ce dernier consulat, en 1814, et mis à la retraite en 1820, après quarante-huit ans de services. Pendant son séjour dans le Levant, il forma trois collections de médailles, dont la première, de plus de dix mille pièces, fut cédée au roi de Bavière, vers 1810, et devint le fondement du cabinet de Munich. La seconde fut acquise par la France en 1823; elle renfermait environ sept mille pièces. La troi-sième, de cinq mille environ, est entrée dans le cabinet de Vienne. M. Cousi-nery a publié plusieurs ouvrages de numismatique, sur la *dynastie des Lagides*, sur la *ligue achéenne*, sur les *princes croisés*, et un *Voyage en Macédoine*, qu'il a publié peu de temps avant sa mort, arrivée en 1833. Il avait été nommé, en 1830, membre de l'Académie des inscriptions et belles-lettres. C'était un savant modeste, ingénieux, et un homme de bien.

1783.

Une de ces rares occasions qu'il faut saisir avec empressement se présenta cette année; c'était la vente du cabinet de M. Michelet d'Ennery, possesseur d'une curieuse collection de médailles, dans laquelle M. Barthélemy puisa pour acquérir les plus importantes, que l'on paya la somme de 18,000 francs (1).

. La collection des émaux de Petitot, achetée à la vente de M. d'Ennery pour la somme de 72,000 fr., fut déposée cette année au Cabinet; elle a passé depuis au musée du Louvre, où elle est mieux placée au milieu des chefs-d'œuvre de la peinture.

1789.

Les pierres gravées, intailles et camées, qui étaient précédemment dans les tiroirs du bureau de la chambre du conseil, à Versailles, et qui étaient restées chez le comte d'Angiviller, furent transportées, dans le courant de cette année, au Cabinet des médailles.

1790.

M. de Beauchamp, consul à Bagdad et correspondant de l'Académie des sciences, fit remettre au Cabinet des briques trouvées sur l'ancien emplacement de Babylone, et portant les mêmes caractères cunéiformes que l'on voit sur le monument babylonien que j'ai décrit page 28 de cet ouvrage, et sur le plâtre moulé sur un bas-relief, mentionné dans la salle du zodiaque, ci-dessus, p. 138.

---

(1) Cette collection a été publiée en un volume in-4° de sept cents pages, par l'abbé Campion de Tersan, en 1788. La description des médailles est précédée d'une *Préface* contenant une *Notice historique* sur M. d'Ennery, qui était né en 1709, à Metz. Cette *Notice* est curieuse par les détails qu'elle donne sur les divers cabinets dont M. d'Ennery avait formé le sien.

(2) Ces briques ont été publiées par Millin, dans ses *Monuments inédits*, t. 2, p. 263, pl. 32 à 35.

Les influences de la révolution, qui frappaient toutes les ins-
titutions, ne pouvaient manquer de se faire sentir aux établissements littéraires. La Bibliothèque du roi subit, dans son organisation, des changements qui atteignirent le Cabinet des médailles.

Les principes de publicité qui tendent à l'instruction générale, et qui répandent le goût des connaissances, avaient été jusqu'alors peu compris ; c'est ce que nous prouve un chapitre du
Mémoire de Barthélemy sur le Cabinet des médailles, destiné
à être présenté à l'assemblée constituante, et intitulé : *Moyens
de conservation*. Le premier de ces moyens, selon Barthélemy,
est « de ne jamais songer à rendre le Cabinet public. M. de
« Boze, mon prédécesseur, dit-il, s'était fait une règle très-
« sage de ne montrer que rarement le Cabinet, persuadé qu'il
« ne devait être ouvert que pour les savants qui voulaient
« y puiser des lumières, pour les artistes qui venaient y cher-
« cher des modèles de goût, pour des étrangers connus et des
« personnes de considération, à qui il était convenable de don-
« ner une grande idée des beautés de la Bibliothèque. Après sa
« mort, ajoute-t-il, je me laissai entraîner à un zèle de novice,
« mais je n'ai jamais montré le Cabinet sans être pénétré de
« frayeur, etc. »

Cet état de choses changea, et le Cabinet des médailles devint public à des jours fixés, ainsi que tous les autres établissements, qui furent avec raison regardés comme une propriété nationale dont tout le monde avait le droit de jouir. Il fut ouvert
trois fois par semaine. En convenant que ce règlement était
juste, nous ajouterons que la publicité du Cabinet des médailles
doit être soumise à de sages restrictions, et que la plus grande
surveillance doit être le devoir rigoureux des personnes attachées à la conservation de cet inestimable trésor.

1791.

Au mois d'octobre 1790, les biens ecclésiastiques avaient été
déclarés par l'Assemblée législative domaines nationaux ; ce dé-

cret avait été sanctionné le 5 novembre. En conséquence, les trésors des églises furent mis à la disposition du gouvernement. Celui de l'abbaye de Saint-Denis renfermait beaucoup de monuments profanes auxquels l'ignorance ou la superstition avait donné des attributions tout-à-fait étrangères à leur véritable sujet. Ces monuments furent apportés au Cabinet des médailles et antiques vers le commencement de 1791; chacun d'eux a été décrit à la place qu'il devait occuper, dans le cours de cet ouvrage. L'un d'eux, vase d'agate, connu sous le nom de calice de l'abbé Suger, fut volé en 1804, et acheté des voleurs par M. Townley, riche Anglais, amateur d'antiquités, qui, à sa mort, l'a légué au Musée britannique, où il est maintenant.

A la même époque, on apporta du trésor de la Sainte-Chapelle du Palais, la belle agate de *l'Apothéose d'Auguste*, décrite dans notre ouvrage, p. 37, n° 189.

Des reliques de ces trésors, qui avaient été déposées en même temps au Cabinet, telles que des morceaux de la vraie croix, un morceau du saint linceul, la couronne d'épines de Notre-Seigneur, un autre de la robe de la sainte Vierge, les *escourgées* de saint Louis et quelques autres objets de piété, furent rendus chapitre de Notre-Dame, le 5 brumaire an XIII, 27 octobre 1804. Le Cabinet garda cependant un fragment d'urne d'albâtre de huit pouces de haut, sur six pouces à sa base, qui passait, à Saint-Denis, pour un morceau d'une des cruches qui avaient servi aux noces de Cana. (D. Félibien, *Histoire de Saint-Denis*, p. 538, pl. 1. R.)

Par suite de la suppression des congrégations religieuses, l'abbaye de Sainte-Geneviève, dont la belle bibliothèque et le cabinet de médailles et d'antiquités étaient justement célèbres (1), n'offrait plus à ces établissements la sûreté convena-

(1) Le P. du Molinet, chanoine régulier et procureur-général de la congrégation de sainte Geneviève, né en 1620, avait été le fondateur de ce cabinet, qu'il publia en un volume in-fol., en 1672. Il mourut en 1687. Il

ble. Des voleurs s'introduisirent dans le cabinet des antiques, et essayèrent de s'emparer du médaillier. La commission exécutive de l'instruction publique rendit un arrêté par lequel elle ordonnait que les médailles du cabinet de Sainte-Geneviève seraient réunies à celles du Cabinet national.

Ce beau cabinet enrichit notre suite de plus de sept mille médailles romaines, dont huit cent quarante-deux en or, seize cent vingt-cinq en argent, cinq mille cent trente-neuf en grand, moyen et petit bronze; et d'environ dix mille médailles de peuples, villes et rois, de médailles modernes, de sceaux et de jetons.

On eut aussi de ce cabinet la suite curieuse des coins des Padouans (1), qui y avait été donnée par M. Oursel (2).

Dans la même année 1791, une suite de médailles des rois parthes fut acquise de M. l'abbé Campion de Tersan.

1792.

Le titre de Bibliothèque du roi est changé en celui de Bibliothèque nationale.

1793.

J.-J. Barthélemy, âgé alors de soixante-dix-sept ans, affligé par les infirmités qui l'assiégeaient, par la perte de toute sa for-

---

avait travaillé à l'arrangement des médailles du cabinet du roi. (*Voyez* ci-dessus, année 1684.) Il avait fait une *Histoire du Cabinet des médailles*, qui a été publiée dans le *Mercure de France*, mai 1719.

(1) Les Padouans, ainsi nommés parce qu'ils habitaient la ville de Padoue, étaient d'habiles graveurs qui vivaient dans le XVe siècle; et qui imitèrent avec talent les médailles antiques. Ils se nommaient Jean del Cavino et Alexandre Bassiano. Le P. du Molinet a fait graver leurs coins dans sa *Description du cabinet de Sainte-Geneviève*. On y remarque leurs portraits accolés, gravés par eux-mêmes.

(2) *Cabinet de Sainte-Geneviève*, p. 92. (*Voyez* ci-dessus, p. 155.)

tune, et plus encore par celle de ses amis, qui montaient l'un après l'autre sur l'échafaud, reçut le coup le plus sensible en se voyant arrêté et conduit à la prison des Madelonnettes, sur la dénonciation (dit-il dans ses *Mémoires*) de je ne sais quel commis : il a la générosité de ne pas le nommer. Il ne fit dans la prison qu'un court séjour. Il y fut reçu comme en triomphe, avec un attendrissement mêlé de respect, et seize heures après, les députés Danton et Courtois, avertis de sa détention, firent révoquer l'ordre qu'on avait surpris au comité de sûreté générale. Cependant on ne remit ni à M. Barthélemy ni à son neveu Courçai les clés du cabinet ; elles restèrent confiées à M. Cointreau, dont le zèle ardent se manifesta en tenant ouvert, *matin et soir*, au public, le dépôt auquel il présidait en l'absence de ses véritables chefs.

Cependant la réputation et la vie patriarchale de l'auteur d'*Anacharsis* lui servirent d'égide, et le 12 octobre de cette année, Paré, ministre de l'intérieur, vint lui offrir la place de bibliothécaire. Barthélemy refusa, en demandant pour toute grâce qu'on le laissât mourir auprès du dépôt auquel il avait consacré sa vie. Ses vœux modestes furent exaucés ; on lui rendit les clés du Cabinet des médailles, et il eut le bonheur d'être utile encore une fois à ce bel établissement, en le préservant d'une perte qui eût été irréparable.

Des hommes plus zélés qu'instruits avaient proposé à la convention nationale de faire fondre les médailles d'or du cabinet. Gilbert Romme, député et président du comité d'instruction publique, fut chargé de faire un rapport sur cette proposition. Il se rendit auprès de Barthélemy, qui combattit victorieusement un projet si barbare. On ne s'étonnera pas que Romme ait fait ensuite partager à la convention les sentiments justes et généreux qui la firent renoncer à un acte de vandalisme par lequel on eût détruit le fruit de deux cents ans de recherches et de patience qu'il avait fallu pour ramasser ce qu'avaient produit vingt-sept siècles dont le nôtre avait hérité.

1795.

Le 3o avril vit expirer Barthélemy, entouré de quelques vrais amis, et dans les bras de son digne neveu Courçay, auquel il avait servi de père. Quelques moments avant sa mort, il avait demandé un *Horace*, qu'il ouvrit à la 4ᵉ épitre du 1ᵉʳ livre, où se trouvent ces vers touchants et philosophiques :

Inter spem curamque, timores inter et iras;
Omnem crede diem tibi diluxisse supremum (1).

Ses mains froides laissèrent échapper le livre ; une douce agonie termina sa noble et vertueuse carrière. Il avait passé au Cabinet des médailles un demi-siècle tout entier.

Au mois d'octobre de la même année, la bibliothèque reçut une nouvelle organisation, sur le rapport du député Villar. « Représentants, y disait-il, le vrai moyen d'affermir un gou- « vernement libre, c'est de ne rien oublier de ce qui peut « accroître la masse des vérités utiles au peuple. Encouragez « donc de tout votre pouvoir et conduisez par degrés au plus « haut point de perfection tous les établissements consacrés à « l'étude des sciences, des lettres et des arts. »

Le budget de la bibliothèque, qui était en 1787 de 130,000 fr., fut porté à 192,900.

Depuis long-temps Barthélemy avait senti la nécessité d'aug- menter le personnel du Cabinet des médailles, dont les richesses étaient quadruplées. Déjà, sur sa proposition, en 1792, M. de Breteuil avait attaché au Cabinet des médailles le jeune Barbié du Bocage, qui depuis s'est fait connaître dans le monde savant par ses travaux géographiques, et qui peu de temps après était passé à la division des livres imprimés. Après lui, le Cabinet

(1) Entre l'espoir, la crainte, et les chances du sort,
Croyons que chaque jour doit finir par la mort.
D. M.

avait eu, pendant quelque temps, pour employé, M. de Manne, qui est mort en 1832, conservateur de la bibliothèque.

D'après la nouvelle organisation, BARTHÉLEMY de COURÇAY fut nommé conservateur du Cabinet des médailles, en remplacement de son oncle, conjointement avec A. L. MILLIN.

M. Cointreau eut le titre de premier employé. La place de second employé fut donnée à M. Mionnet, qui était entré au Cabinet depuis quelques mois, à la recommandation de l'abbé Barthélemy ; et au mois de novembre de la même année, on nomma troisième employé M. Marion du Mersan (1).

A cette époque, la science numismatique commençait pour ainsi dire une ère nouvelle. Les travaux du savant Eckhel, complétant ceux du laborieux Pellerin, l'avaient élevée à la hauteur de toutes les autres sciences, en lui posant des bases et lui créant une méthode ; en faisant pour elle enfin ce que Linné avait fait pour l'histoire naturelle. Le Cabinet des médailles devait subir les modifications importantes que les progrès de la science rendaient indispensables ; il fallait aux nouveaux gardes, dont le titre venait d'être changé en celui de *Conservateurs*, des hommes capables de les aider dans des travaux minutieux, qui exigent autant de patience et de connaissances pratiques que d'études spéciales.

La suite des peuples, villes et rois, était encore rangée alors par ordre alphabétique, depuis *Aba*, ville de Carie, jusqu'à *Zeugma*, ville de la Commagène. Cette sèche et froide classification écartait toute comparaison entre les pièces frappées dans le même pays, interrompait la série des événements, et rendait

_____

(1) J'étais fort jeune alors, puisque je n'avais pas encore seize ans; mais M. Millin pensait comme Barthélemy (*Mémoires sur sa vie*, p xcj), qu'on ne saurait être initié de trop bonne heure à la connaissance des médailles, et que cette étude est peut-être celle qui demande le plus d'habitude et la plus longue pratique. Dès l'âge de douze ans, M. Mionnet voyait et étudiait des médailles dans le cabinet de M. Beaumont.

très-difficiles ces rapprochements auxquels doivent donner lieu les types religieux ou historiques, la fabrication qui nous initie à la marche graduelle de l'art, les dates qui nous éclairent sur la chronologie. On adopta le système géographique d'Eckhel (1), et le premier travail de M. Mionnet fut cette classification, qui l'occupa plusieurs années, et d'après laquelle le Cabinet est rangé maintenant.

M. du Mersan commença dès lors la description des médailles dans le même ordre, et partagea depuis cette époque tous les travaux de son collègue, à mesure que ses études lui permettaient de s'avancer dans cette carrière où les vrais succès naissent de l'expérience.

M. Cointreau, décoré du titre de premier employé, fut à cette époque, comme il le dit lui-même (2), *dispensé de toute écriture.*

Au commencement de cette année, le général Pichegru, après avoir défait les Autrichiens, les Hollandais, les Anglais et les Hessois réunis, s'était emparé de la Hollande. Le stathoudérat fut aboli. Le 9 novembre, de nombreuses caisses de monuments, de curiosités et de médailles arrivèrent au Cabinet ; c'était le commencement du tribut que devaient y verser les victoires des Français dans toute l'Europe.

1796.

Cette année vit entrer dans le Cabinet la suite des monnaies des comtes, barons et prélats de France, que l'on acquit à la vente de M. Heaumont, amateur de médailles. Cette collection avait appartenu à l'abbé de Boulogne ; elle avait servi à Tobiezen Duby, pour composer son ouvrage (3).

---

(1) J'en ai donné un aperçu au chapitre des *Généralités sur les médailles,* ci-dessus, p. 40.

(2) Dans un ouvrage très-singulier, intitulé *Histoire abrégée du Cabinet des médailles,* etc., Paris, 1800, un vol. in-8°.

(3) Cet ouvrage est intitulé *Traité des monnaies des barons,* etc., Paris, 1790, trois vol. in-4°.

Les matrices des assignats furent déposées au Cabinet avec un échantillon de chaque sorte de billets. Ce papier-monnaie avait été créé le 21 décembre 1789, jusqu'à concurrence de 400 millions. Le 29 septembre 1790, de nouveaux assignats avaient été créés jusqu'à concurrence de la somme de 800 millions. Le 31 juillet 1792, on décréta que la circulation des assignats pourrait être portée à 2 milliards. Au 7 mai 1793, il y en avait en circulation pour 3 milliards 100 millions. La démonétisation des assignats fut prononcée par une loi du 31 juillet 1793, cependant on continua d'en fabriquer sous divers prétextes, et au mois de nivôse an IV, la circulation des assignats était d'à peu près 24 milliards. On en ordonna une fabrication de 16 milliards qui avec la somme précédente faisait un total de 40 milliards, et il fut ordonné que les planches aux assignats seraient brisées ainsi que tous les ustensiles qui avaient servi à leur fabrication. On fit de cette opération une solennité, et tous ces objets furent brûlés sur la place Vendôme, le 30 ventôse an IV (20 mars 1796). On conserva seulement les matrices, après les avoir rendues, par quelques traits de burin, incapables de servir. Je ne crois pas étrangère à l'histoire du Cabinet des médailles celle de cette monnaie qui a circulé en France pendant huit ans, et qui n'a pas été un des moindres éléments de la révolution. Les matrices des assignats sont d'ailleurs, comme composition et gravure, un ouvrage très-remarquable.

1797.

Les monuments qui étaient restés au cabinet d'antiquités de Sainte-Geneviève après le transport des médailliers, furent réunis à ceux du Cabinet national au mois de février; la plupart de ces monuments sont gravés et expliqués dans l'ouvrage du P. du Molinet déjà cité.

On avait formé à l'hôtel de Nesle un dépôt des tableaux, meubles, bijoux et objets précieux qui avaient appartenu

aux émigrés. Les conservateurs du Cabinet des médailles furent
autorisés à y choisir ce qui pouvait convenir à cet établissement.
On y recueillit entre autres choses, des armes et des costumes
de divers pays, et des objets curieux venant de la Chine, qui
avaient fait partie du cabinet de M. Bertin. Ils furent transportés au Cabinet dans le mois de juillet.

On apporta dans la même année beaucoup d'objets d'antiquités, d'art et de curiosité, de la Monnaie, du Garde-Meubles, et
du Muséum d'histoire naturelle, dont les plus intéressants se
trouvent décrits à leurs places respectives, dans la première partie de cet ouvrage. Les objets provenant du cabinet de M. Gau-
tier y furent aussi déposés au mois de juin ; c'étaient des costumes,
des armes et des ustensiles des sauvages de l'Amérique. A
cette époque, les conquêtes de l'Italie, où le général Bonaparte
portait ses armes victorieuses, enrichirent le Cabinet de monuments qui malheureusement ne devaient y faire qu'un court
séjour. Nous les mentionnerons cependant parce qu'ils ont été
décrits dans d'anciennes notices, et qu'ils sont célèbres : ne
dussions-nous les considérer que comme des voyageurs qui sont
venus chez nous s'offrir les uns à notre curiosité, les autres à
notre admiration.

1798.

Les commissaires des arts en Italie envoyèrent des caisses,
qui arrivèrent au mois d'août. Parmi les monuments intéressants qu'elles renfermaient, on remarquait la couronne d'or d'A-
gilufus, roi des Lombards, et celle de Théodelinde, sa femme,
qui étaient conservées au trésor de Monza ; le beau camée de
Jupiter *Ægiochus* de la Bibliothèque Saint-Marc, à Venise (1).

La fameuse *Madone de Lorette* fut déposée au Cabinet, dans
le mois de novembre.

(1) Publié par Visconti, un vol. in-4°. (*Voyez* aussi *Galerie mythologique* de Millin, pl. 11, n° 36.)

La statue de Notre-Dame de Lorette passe, d'après la tradition, pour un ouvrage de saint Luc. La maison fut transportée, dit-on, par les anges, de Nazareth en Dalmatie, puis à Venise, puis enfin auprès d'Ancône, dans le champ d'une dame appelée *Loretta*, où elle est maintenant, et dont elle a pris le nom. La chambre qui est l'objet de la vénération universelle est celle où l'on assure qu'ont eu lieu les mystères de l'Annonciation et de l'Incarnation. Bonaparte avait reçu du directoire, en avril 1796, l'ordre de s'emparer du riche trésor de la *Casa santa*, qu'on évaluait à 200 millions. Il s'agissait de faire marcher secrètement dix mille hommes, de passer l'Apennin, au risque de sacrifier une partie de l'armée, pour faire ce que l'on appelait une opération financière. Bonaparte n'exécuta point les ordres du directoire; mais dix mois après, lorsque la possession de la Péninsule fut assurée par la prise de Mantoue, le général Victor occupa Lorette. Le Vatican avait fait enlever les trésors de la *Casa santa*; cependant la Madone y était restée.

Bonaparte trouva piquant d'envoyer la grossière statue de bois, simple trophée dont l'avidité fiscale du Directoire dut être peu satisfaite. La Madone de Lorette fut déposée au Cabinet des médailles, et y resta jusqu'au mois de novembre 1804, que le pape, étant venu à Paris pour le sacre de Napoléon, réclama la sainte image, qui lui fut rendue (1). Le bruit courut qu'elle était retournée d'elle-même à Lorette.

1799.

Au mois de janvier, le frère du général Berthier vint déposer au Cabinet des pierres gravées qui n'ont point été comprises dans la restitution faite en 1815, attendu que c'était un présent fait par S. S. au général, et non un objet de conquête.

---

(1) Le P. Tursellin, de la compagnie de Jésus, a écrit un ouvrage sur la *Santa-Casa*. Le dernier ouvrage sur ce sujet est celui de M. Murri, curé de Lorette, traduit en français et imprimé en 1800.

La célèbre *table Isiaque*, qui était à Turin, fut apportée au mois d'avril. Ce monument curieux avait été publié par Pignorius, Kircher, Æneas-Vicus, et se retrouve dans l'*Antiquité expliquée* de Montfaucon, t. 2, p. 340, pl. 138, et dans Caylus, t. 7, p. 34, pl. 12. Elle avait appartenu au cardinal Bembo, qui l'avait reçue en présent du pape Paul III. Elle fut vendue au duc de Mantoue, disparut au sac de cette ville par les Impériaux en 1630, et, depuis, s'est trouvée à Turin sans qu'on sache comment elle y est venue.

Parmi les objets intéressants apportés du Piémont au mois de mai, on remarquait une inscription grecque, contenant le testament d'Epitecta, citoyenne de Sparte (*Muséum veronense*, p. 14); une inscription en bronze relative au collége des Pastophores d'*Industria*; un foudre de bronze et un beau trépied, objets trouvés dans les fouilles de cette ancienne ville.

Au mois de juillet, arrivèrent les médailliers du Vatican, contenant plus de dix mille médailles grecques et romaines.

André Barthélemy de Courçay fut frappé d'apoplexie dans le Cabinet des médailles, le 9 brumaire an VIII, 30 octobre 1799. On le descendit chez lui; il expira le lendemain. Il avait soixante et quelques années.

A l'époque de la terreur, il avait cru devoir aux circonstances, de faire une démarche qui pouvait être utile à son respectable oncle, et peut-être au Cabinet des médailles, en offrant à la Convention, le 1er avril 1794, la gravure d'une médaille de la ligue, qui a long-temps été exposée dans le Cabinet. Cette médaille est gravée dans l'*Histoire métallique de la révolution française*, par Hennin, n° 567. On en fit une copie en 1793. (Voyez *Trésor num. Révol.*, pl. 49, n° 8.)

Barthélemy de Courçay fut remplacé par François-Paschal GOSSELLIN, connu par ses travaux sur la géographie ancienne, et qui était amateur de médailles. Il possédait une belle collection de médailles impériales d'argent, et un choix remarquable de médailles primitives (1). M. Millin contribua beaucoup à sa nomination.

Peu de temps après l'entrée de M. Gossellin, M. Cointreau perdit sa place. Il avait eu la prétention de remplacer le célèbre Barthélemy, et il fut congédié après vingt-six ans de services. Il n'eut pas de retraite, et mourut malheureux en 1817. Il expia cruellement des erreurs qui étaient celles d'une tête faible, et sans doute la faute des temps où il avait vécu (2).

M. Mionnet obtint alors la place de premier employé, et M. du Mersan étant trop jeune pour avoir celle de second, cette place fut donnée à M. Théophile-Frédéric Winckler.

Le Cabinet ne cessait pas de s'enrichir par des acquisitions et des échanges dont il serait impossible de donner une notice complète. Chaque année, chaque mois, y voyait entrer ou des suites de médailles ou des pièces isolées qui continuaient à le mettre au-dessus de tous les cabinets de l'Europe. Quatre volumes in-folio, rédigés avec la plus scrupuleuse exactitude, et que M. du Mersan a écrits depuis l'an IV, 1795, jusqu'à l'année 1829, c'est-à-dire pendant trente-quatre ans, et qui, depuis cette époque, ont été continués par les plus jeunes employés, contiennent l'histoire matérielle du Cabinet des médailles.

1803.

Les consuls de la république française, Bonaparte, Le Brun et Cambacérès, crurent avoir le droit de puiser dans le trésor de la nation, qu'ils n'avaient, je crois, que le droit d'enrichir, et ils demandèrent, pour les placer sur des tabatières, des médailles qui faisaient allusion à leurs talents et à leurs qualités

(1) *Voyez* la *Notice* de M. Raoul-Rochette, sur les *Collections numismatiques* de M. Gossellin, Paris, 1830.

(2) Outre l'*Histoire abrégée du Cabinet*, M. Cointreau avait publié une *Notice sur la coupe d'or de Rennes*, lue à l'Institut, en août 1801, et publiée in-4° en 1802.

de guerrier , de poëte et de législateur. Le Cabinet fut obligé de donner pour Bonaparte un Marc-Aurèle, un Antonin et un Hadrien. Je ne sais pourquoi on y joignit un Domitien.

Le Brun eut un Homère, et Cambacérès un Justinien.

1804.

Un malheureux événement marqua cette année ; ce fut le vol de quelques-uns des plus beaux monuments du Cabinet, qui eut lieu dans la nuit du 16 au 17 février. Ce vol fut exécuté d'une manière très-hardie. Le principal personnage de l'association était un nommé Giraud, qui avait pour complice un cocher de fiacre dont la voiture, arrêtée au coin de la rue Colbert, avait amené une de ces longues perches de maçons qui servent aux échafaudages. La perche fut dressée dans l'angle du bâtiment, et le voleur se hissa, au moyen d'un moufle, jusqu'à la hauteur de la croisée du Cabinet. Malheureusement, il n'y avait pas alors de corps-de-garde, et les croisées n'avaient point de volets. On a pris depuis les précautions convenables pour éviter de pareils accidents (1). Le voleur brisa une vitre, s'introduisit dans le cabinet, et enleva les objets les plus précieux : l'agate de la Sainte-Chapelle, le vase des Ptolémées, la couronne d'Agilufus, le calice de l'abbé Suger, et plusieurs vases d'agate provenant du trésor de Saint-Denis, le poignard de François Ier, enrichi de camées sur coquilles ; deux couvertures d'évangéliaires en vermeil, un diptyque d'ivoire (2). Sa cupidité même trahit ses espérances, car les monuments célèbres dont il s'était emparé furent reconnus en Hollande par la personne à qui il voulait les vendre. Les voleurs furent arrêtés, et subirent au bagne la peine de leur crime.

(1) On verra plus loin que ces précautions n'étaient pas encore suffisantes : on en a pris de plus efficaces.

(2) Les détails de ce vol sont consignés dans le *Moniteur* et dans le *Journal de Paris* du 22 février 1804 (2 ventôse an XII).

Giraud avait voulu tromper ses associés : il avait détourné la coupe des Ptolémées qu'il avait été cacher dans le jardin de sa mère, honnête paysanne du village d'Ornoy, près Laon, où ce monument fut retrouvé enterré sous une haie.

Ces objets furent restitués au Cabinet au mois d'avril de la même année, excepté la couronne d'Agilufus, qui avait été fondue, ainsi que les montures des vases et celle de l'agate de la Sainte-Chapelle ; le calice de l'abbé Suger, qui fut vendu à M. Townley (ci-dessus, p. 166), et le poignard de François Ier, dont on n'a jamais eu de traces non plus que du diptyque.

Au mois de mai, le Cabinet reçut cent quatre-vingt-deux pièces d'or de la première race des rois de France, qui avaient été trouvées dans les ruines de l'ancien Palais de justice de Bordeaux.

1806.

On déposa au Cabinet, le 20 novembre, le *sacro Catino*, vase hexagone, qui passait pour avoir été apporté à Jérusalem par la reine de Saba, lorsqu'elle vint admirer la sagesse de Salomon. Ce prince le fit déposer dans son trésor, et il fut conservé par les rois ses successeurs ; il passa ensuite dans les mains d'Hérode. Selon une autre opinion, il appartenait à saint Nicodème chez qui Jésus-Christ fit la pâque. Il nous fut apporté de Gênes, où on le gardait dans une armoire pratiquée dans l'épaisseur du mur de la sacristie de l'église de Saint-Laurent. Les clés de cette armoire étaient dans les mains des hommes les plus distingués de la république, et des lois sévères leur ordonnaient de ne jamais les confier à personne. On n'exposait le *sacro Catino* que tous les ans, un jour de grande fête, à la vénération des fidèles ; mais alors il était placé dans une tribune élevée, et un prélat, assisté de plusieurs membres du clergé, le tenait dans ses mains par un cordon : autour étaient rangés les chevaliers préposés à sa garde, et qui avaient le titre de *clavigeri*. Il était défendu, sous peine d'une amende considérable, de cent à mille ducats, de toucher le *Catino* avec de l'or, de l'argent ou quelque matière dure : la punition pouvait aller jusqu'à la peine de mort. Les rois et les princes étaient seuls exceptés, et pouvaient voir et toucher cette relique. Quelques joailliers ignorants avaient attesté que le *Catino* était vraiment une émeraude. C'est un vase de verre fait en Orient, dans le Bas-Empire. Son diamètre est de douze pouces six lignes, et sa hauteur de trois pouces. Les Génois s'en étaient emparés lors de la première croisade, à la prise de Césarée, en 1101. Ils mettaient une telle importance à ce vase, qu'en 1319, lorsque la ville fut assiégée par les Gibelins, le *sacro Catino* fut engagé au cardinal Luc de Fiesque pour douze cents marcs d'or.

L'histoire de cette relique a été donnée par Fra Gaetano, 1 vol. in-4°, à Gênes, 1727. M. Millin en a donné une notice dans le *Magasin encyclopédique*, janvier 1807. Le sacro *Catino* a été brisé dans son transport de France à Gênes.

1807.

Une mort subite enleva M. Winckler (1), et M. du Mersan, qui comptait alors douze ans de services au Cabinet des médailles, obtint la place de second employé ; celle de troisième fut donnée à Jérémie-Jacques Oberlin, fils du célèbre professeur de ce nom.

1808.

Napoléon eut à cette époque la fantaisie de faire présent à l'impératrice Joséphine, qui aimait beaucoup les pierres gravées, d'une parure de ce genre. En effet, d'après l'ordre de l'empereur, le maréchal Duroc et M. Nitot, joaillier de la couronne,

---

(1) M. Millin prononça sur la tombe de cet excellent homme un discours qui se trouve dans le *Magasin encyclopédique*, 12ᵉ année, 1807, t. 2, pl. 404.

12*

se présentèrent au Cabinet, en mars 1808, pour choisir parmi les camées et les intailles les pierres qui pouvaient orner un diadême, un collier, une ceinture et des bracelets. Ils emportèrent quarante-six camées et trente-six intailles ; en tout quatre-vingt-deux pierres, parmi lesquelles il s'en trouvait des plus intéressantes pour la science et pour l'art, entre autres le *Mécène de Dioscoride* (n° 456 de notre description), et *Ménélas relevant le corps de Patrocle* (n° 396).

Les intailles étaient assurément peu convenables pour l'usage qu'on voulait en faire. Au surplus, ces pierres ne furent point employées ; elles restèrent au Garde-Meubles, et lors de la restauration, furent inventoriées avec les objets du domaine. Après de nombreuses réclamations, qui restèrent long-temps inutiles, ces pierres furent enfin restituées au Cabinet le 28 août 1832, d'après la loi du 2 mars de la même année sur la liste civile ; mais vingt-quatre charmants camées représentant des sujets ne furent pas retrouvés, et on ignore complètement ce qu'ils peuvent être devenus.

Au mois d'octobre 1806, l'empereur Napoléon était entré en vainqueur dans Berlin. En juillet 1807, après la paix de Tilsitt, la Prusse avait perdu la moitié de ses états. Au commencement de 1808, le cabinet de France reçut les médailles de celui de Berlin (1), qui contenait près de trois mille médailles romaines en grand et moyen bronze, et trois mille cinq cent trente-quatre *bractéates* (2). C'était la collection la plus considérable que l'on connût de ce genre de médailles.

On apporta aussi l'autel du dieu *Chrodo*.

---

(1) Voyez *Thesaurus branderburgicus*, etc. *illustr. à L. Begero Coloniœ marchicœ*, 1696, trois vol. in-fol.

(2) Le nom de *bractéates* s'applique à la pellicule d'or ou d'argent qui couvre les pièces fourrées, et ce mot générique désigne aussi les pièces extrêmement minces, frappées dans le moyen-âge, qui n'ont qu'un côté en relief et l'autre en creux.

M. Pierre Maulan, cultivateur à Naix, près de Commercy,
fit dans cette commune la découverte d'une quantité de bijoux
d'or et de médailles, que l'on voit exposés dans le Cabinet, et
qui furent payés 1,680 fr. (*Voyez Description*, p. 39, A 6.)

1809.

Le 13 février 1809, M. de Rémusat, maître de la garde-
robe de l'empereur, autorisé par une lettre de S. E. le ministre
de l'intérieur, vint choisir des médailles d'or pour en orner une
tabatière destinée à S. M. On lui avait déjà donné Marc-Aurèle
et Antonin. Cette fois on choisit les médailles des plus illustres
conquérants et des fondateurs de dynasties.

Parmi les médailles des empereurs romains, on choisit celles
de Titus, de Trajan, de Septime-Sévère et de Constantin;
parmi celles des rois de la Grèce, on donna les suivantes, en
accompagnant leur description de notes qui faisaient pour l'empereur des allusions flatteuses. Ces notes existent au procès-
verbal : Ptolémée, fils de Lagus, *fondateur de la monarchie
grecque en Égypte*; Démétrius *Poliorcètes* (preneur de villes);
Antiochus *le Grand*; Mithridate Ier, *conquérant de la Médie,
de la Mésopotamie et d'une partie de la Bactriane*; Phraate II,
vainqueur de Démétrius II et d'Antiochus.

1814.

La déchéance de Napoléon entraîna la perte des objets d'art
dont il avait doté la France; et, quoique le traité de Tolentino
fût la garantie de la possession de ces chefs-d'œuvre que le
vainqueur avait préférés à quelques millions de plus qui fussent
entrés dans les caisses de l'état, les souverains alliés exigèrent la
restitution des statues, des tableaux, des médailles et des pierres gravées qui étaient, dans nos musées, comme de nobles trophées de nos victoires.

Le Musée du Louvre vit emballer, sous les baïonnettes autrichiennes, l'Apollon du Belvédère, la Vénus de Médicis, le Laocoon, les tableaux de Raphaël ; et le Cabinet des médailles rendit, non sans les disputer vivement, les monuments qu'il avait pu croire sa propriété. Cependant, il y eut pour lui une chance favorable dans la multitude des objets redemandés, et dans la presque impossibilité où l'on était de reconnaître dix mille médailles dont la plupart étaient, depuis long-temps, insérées dans les diverses suites du Cabinet de France. Il fallut en venir à une transaction, qui fut habilement dirigée par les conservateurs du Cabinet. M. le baron d'Ottenfels, homme d'état et savant distingué, protecteur, pour l'Autriche, de MM. les commissaires romains, déclara avec une noble loyauté qu'il ne permettrait pas que le Cabinet de France fût dépouillé de ce qui lui appartenait, et il consentit que tout ce qui était inséré fût remplacé par un échange qui balancerait la somme de ce que l'on redemandait. On rendit, en effet, à MM. les commissaires tout ce qui n'avait pas été inséré, et on fit pour le reste une compensation avec des médailles prises parmi les doubles, dont le Cabinet possédait un grand nombre. Par ce moyen, la collection de France demeura intacte, et sa possession fut assurée par la pièce suivante, qui terminait les procès-verbaux de cette opération :

« MM. les commissaires reconnaissent que la restitution se
« trouve pleine et entière, et qu'ils ne prétendent plus avoir
« aucun droit à des réclamations ultérieures. Fait à Paris le
« 13 octobre 1815. Ont signé le baron d'OTTENFELS, chambel-
« lan et commissaire de S. M. I. et R. autrichienne ; MARINI
« et CANOVA, commissaires de S. S. »

Tous les autres objets plus faciles à reconnaître, et qui ont été mentionnés à l'époque de leur entrée au Cabinet, furent restitués intégralement. Dès le mois de septembre 1814, on avait remis à MM. Bussler et Henri les objets apportés de Prusse en 1807.

1818.

A. L. Millin, conservateur depuis 1795, mourut le 14 août de cette année, à l'âge de cinquante-neuf ans. Il avait eu une carrière laborieuse, et, depuis son entrée au Cabinet, avait tourné toutes ses études vers l'archéologie, science qu'il professa le premier à Paris, dans des cours qui d'abord furent particuliers, mais qui bientôt furent rendus publics par la munificence du gouvernement. La liste des ouvrages de Millin serait trop nombreuse pour être placée ici; ils se trouvent d'ailleurs presque tous cités dans la partie descriptive du Cabinet, dont il illustra beaucoup de monuments.

Millin, cherchant à rendre l'archéologie populaire en France, comme elle l'est dans quelques autres contrées, lui consacra tout son temps, tout son esprit, toutes ses facultés, et la servit à la fois par ses discours, par ses ouvrages et par son zèle. Il publia de petits traités élémentaires sur les antiquités, les médailles, les pierres gravées et les vases. Il rédigea pendant vingt-quatre (ans le *Magasin encyclopédique*, journal justement estimé. Appelant à son aide tous les savants français et étrangers, il les réunissait toutes les semaines dans son cabinet, qu'embellissait une riche et nombreuse bibliothèque.

En 1805, Millin jeta ses regards sur le midi de la France, si riche en monuments d'antiquité. « Je vois avec peine, disait-il, les hommes instruits visiter les contrées étrangères, et ne point connaître leur propre pays. » Il fit donc dans nos départements méridionaux un voyage scientifique, qu'il publia à son retour (1). Il fut accompagné, dans ce voyage, par M. Winckler, second employé du Cabinet.

_____

(1) *Voyage dans les départements du midi de la France*, 1807, quatre vol. in-8° et atlas in-4°.

M. Millin, déjà membre de la Légion-d'Honneur, fut alors
nommé membre de l'Institut dans l'Académie des inscriptions et
belles-lettres. Il ne voulut pas mourir sans avoir visité la terre
classique des arts, et, en 1811, il obtint du gouvernement la
permission de faire un voyage en Italie. C'est pendant ce
voyage que lui arriva le désastre le plus sensible qui puisse affli-
ger un homme de lettres : le feu prit à sa bibliothèque qu'il avait
formée avec tant de soins, et qui renfermait tant de trésors littéraires. Il supporta cette perte avec une résignation philosophique (1). Il écrivit, sur ce sujet, une lettre curieuse au docteur
Koreff, son ami. Cette lettre, imprimée en 1812, fut supprimée
par ordre du ministre de l'intérieur; il n'en existe qu'un petit
nombre d'exemplaires très-rares. A son retour, il se prépara à
publier la riche collection de notes et de dessins qu'il avait rapportée de son voyage.

Sa santé s'altéra par les travaux auxquels il se livrait peut-
être avec trop d'activité, sans abandonner les plaisirs et les de-
voirs fatigants de la société. Au lieu de prendre un repos néces-
saire, il redoubla d'ardeur, comme s'il eût voulut combattre le
sort qui venait l'arracher à ses études chéries. Au moment de sa
mort, son lit était couvert de papiers, de livres et de dessins ;
il corrigeait une feuille qui tomba de ses mains lorsqu'il rendait
le dernier soupir. Son éloge historique a été publié par M. Da-
çier, alors administrateur de la Bibliothèque, et secrétaire perpétuel de l'Académie des inscriptions. M. Millin fut remplacé
par M. Raoul-Rochette, membre de l'Académie des inscriptions

---

(1) Cet incendie fut l'ouvrage de la plus noire ingratitude. Auguste Mention, domestique de M. Millin, qu'il avait eu dès son enfance, et qu'il avait
comblé de bienfaits, mit le feu par vengeance à la bibliothèque de son maître.
Il était jaloux de ce que M. Millin avait emmené avec lui Ostermann, petit-
fils d'un des plus anciens concierges du Cabinet des médailles, garçon probe
et intelligent, né dans la Bibliothèque, et qui est encore aujourd'hui concierge et garçon de bureau du Cabinet des médailles.

et belles-lettres, qui, peu de temps après, obtint aussi la chaire d'archéologie.

1819.

On fit dans cette année l'acquisition des monuments rapportés par M. Cailliaud de ses voyages en Égypte, celle d'une collection de médailles espagnoles cédées par M. Durand, et qui augmenta considérablement la collection du Cabinet.

1821.

Une acquisition très-importante signala cette année; ce fut celle d'une collection de peuples, villes et rois, formée par M. Cousinery, et qui fit entrer dans le Cabinet près de six mille médailles.

1824.

La collection de M. Thedenat Duvent et une seconde collection de M. Cailliaud enrichirent le Cabinet d'une quantité de monuments égyptiens, parmi lesquels se remarquent des manuscrits sur papyrus du plus haut intérêt.

1826.

Une belle suite de cinq cents médailles de Sicile fut cédée au Cabinet par M. Rollin, et une collection de médailles grecques que M. Édouard de Cadalvène avait formée dans ses voyages, et dont il avait publié la description (1), enrichit le Cabinet d'environ huit mille médailles rares.

1829.

On joignit à ces belles acquisitions celle d'une partie des médailles de la collection de feu M. Allier de Hauteroche, ancien

---

(1) *Recueil de médailles grecques inédites*, publiées par Édouard de Cadalvène, 1 vol. in-4°, Paris, 1828.

consul au Levant. On jugera de l'importance des pièces qu'elle fit entrer dans le Cabinet, puisque cent quatre-vingt-deux médailles furent estimées 20,000 fr. (1). M. Allier avait légué au Cabinet une médaille d'or, unique, de Persée, roi de Macédoine, et la tessère de Béryte, décrite ci-desus, p. 128.

Nous ne pouvons point passer sous silence le nom de M. Millingen, qui, depuis 1795, n'a cessé de se rendre utile au Cabinet par des échanges qui ont fait entrer dans sa collection un très-grand nombre de médailles, et presque toujours des pièces de la plus grande rareté (2).

M. Mionnet eut, cette année, le titre de conservateur-adjoint (3), et au mois d'avril, M. du Mersan fut nommé premier employé du Cabinet des médailles.

A la fin de la même année, M. Oberlin mourut; cet homme instruit et studieux fut remplacé par son fils.

1830.

La mort de M. Gosselin, arrivée le 7 février de cette année, laissa M. Raoul-Rochette seul conservateur du Cabinet des médailles. M. Gosselin était, depuis plus de quarante ans, membre de l'Académie des inscriptions et belles-lettres; il mourut âgé de soixante-dix-neuf ans.

1831.

Au mois de janvier, M. Muret entra au Cabinet des médailles

---

(1) *Description des médailles antiques du cabinet de* feu M. Allier de Hauteroche, par M. du Mersan, avec seize planches gravées. Un vol. in-4°, Paris, 1829.

(2) M. Millingen a publié plusieurs ouvrages archéologiques pleins d'érudition : un *Recueil de médailles grecques inédites*, un vol. in-4°, Rome, 1812 ; et un autre ouvrage intitulé *Ancient coins of Greek Cities and Kings, from various collections*, un vol. in-4°, London, 1831.

(3) L'année suivante, il fut nommé membre de l'Académie des inscriptions et belles-lettres.

comme troisième employé, et joignit à ses fonctions celles de dessinateur qu'avait exercées Morell (1).

Un événement déplorable signala cette année, c'est le vol qui a tant occupé le public, et dont les détails exacts ne manqueront pas d'intérêt. Ce second vol fut conduit avec plus d'adresse que le premier. Le nommé Fossard, forçat échappé du bagne, s'était caché dans un recoin obscur de la galerie des livres imprimés, et s'introduisit dans le Cabinet des médailles, en faisant à la porte d'entrée donnant sur cette galerie, au moyen d'un vilebrequin et d'une scie à main, un trou suffisant pour laisser passer un homme. Une fois introduit, il fit une ouverture à la porte d'un autre cabinet qui renfermait les clés des médailliers, et en enleva la serrure. Alors, maître du local, et ayant une nuit entière pour consommer son vol, il alluma une lanterne, et tira à demi tous les tiroirs des huit médailliers pour s'assurer de ce qu'ils contenaient (on les a trouvés tous dans cet état le lendemain matin). Arrivé au médaillier qui contenait la suite impériale d'or, il le vida entièrement, et remplit des sacs de ces médailles et de toutes celles qu'il trouva dans les armoires qui renfermaient les riches suites des médailles modernes, dont la valeur intrinsèque était considérable.

Au petit jour, il s'échappa par la fenêtre du Cabinet qui donne sur la rue de Richelieu, au moyen d'une corde que l'on trouva fixée dans la boiserie par un crampon. On a vu longtemps sur le mur extérieur la trace des pieds, ce qui prouva qu'il était ainsi sorti du Cabinet avec son trésor. Une patrouille qui passa peu d'instants après, aperçut cette corde qui était restée pendue à la fenêtre ; elle éveilla le concierge ; l'alarme fut donnée ; il était trop tard.

Fossard déposa son vol chez son frère, horloger-bijoutier, qui en fondit sur-le-champ une partie qu'il réduisit en lingots.

_____

(1) *Voyez* ci-dessus, p. 154.

Malheureusement, ce furent les médailles antiques qui, étant plus petites, subirent plus facilement l'action du creuset.

Dès le lendemain, tous les journaux annoncèrent le crime, et le recéleur, craignant d'être découvert, passa la nuit avec son fils à transporter les sacs de médailles, qu'il cacha dans la rivière, derrière une des piles du pont de la Tournelle.

Fossard fut arrêté quelque temps après, ainsi que son frère, qui avoua tout, et qui indiqua le lieu où l'on retrouverait les objets volés. Ils furent en effet retrouvés ; mais deux mille médailles antiques avaient été fondues. Il est utile cependant d'apprendre au public que cette perte, toute grande qu'elle est, ne l'est pas autant qu'on pourrait le croire ; qu'elle n'est pas irréparable, qu'elle ne laisse point de lacunes dans les besoins de l'art et de la science. Ces pièces sont déjà remplacées en partie. Elles avaient toutes été dessinées, gravées, expliquées dans beaucoup d'ouvrages. Elles existent dans plusieurs collections publiques et particulières ; et avec le temps, tout, jusqu'aux pièces les plus rares, pourra être remplacé, et remplir de nouveau les tablettes du Cabinet de France (1). Ces médailles d'or formaient la collection des empereurs romains ; la même suite existe en argent, et les mêmes coins avaient frappé l'une et l'autre.

Au reste, on s'occupe de remplir la lacune causée dans le Cabinet par ce déplorable accident, et des amateurs distingués se sont empressés de seconder le zèle que les conservateurs du Cabinet mettent à recomposer la suite impériale d'or, qui a déjà repris une valeur considérable.

Quant au vol en lui-même, que la voix publique, ou du

___

(1) Nous en excepterons une soixantaine de médaillons, pièces d'une grande rareté ; mais le hasard, qui en a fait récemment trouver plusieurs qui enrichissent le Cabinet de Vienne, peut encore se reproduire. Ces médaillons ont été publiés par M. Steinbüchel en 1826, Vienne, in-4°. — Des trouvailles semblables ont eu lieu en France. (*Voyez* ci-dessus, p. 39 et 47.)

moins celle des personnes qui parlent inconsidérément de. ce qu'elles ignorent, a légèrement attribué à la négligence des chefs de l'établissement, il est bon de dire que, depuis long-temps, l'administrateur de la Bibliothèque royale réclamait le rétablissement d'un corps-de-garde que de petites considéra-tions particulières avaient fait supprimer, et que toutes les précautions en usage depuis trente-six ans avaient été prises ; mais qu'on ne pouvait être en garde contre l'audace et l'astuce d'hommes profondément habiles dans le crime. Ne voit-on pas chaque jour les caisses des banquiers attaquées et dépouillées ? Les trésors des édifices sacrés sont-ils à l'abri des coups de main de brigands qui ne respectent rien, et qui mesurent les ressources de leur criminelle industrie sur les moyens que l'on prend pour se mettre à l'abri de leurs tentatives ? Au reste, les précautions les plus minutieuses et les mieux entendues ont été accumulées pour rendre dorénavant le Cabinet inaccessible. Des barreaux de fer en garnissent les fenêtres ; toutes les portes en sont doublées de fer ; des gardiens y veillent toutes les nuits ; des rondes s'y font avec exactitude, et un corps-de-garde nom-breux, établi dans le bâtiment même, y fournit plusieurs senti-nelles, dont la vigilance serait difficilement en défaut (1).

1832.

Une nouvelle organisation vint cette année régir la Biblio-thèque, et conséquemment le Cabinet des médailles. On y rétablit un second conservateur, et M. Letronne, membre de l'Académie des inscriptions et belles-lettres, partagea l'admi-nistration du Cabinet avec M. Raoul-Rochette. On nomma aussi un second conservateur-adjoint, ce fut M. Charles Lenormant,

(1) Fossard a été condamné au bagne à perpétuité, et ses complices ont subi diverses condamnations.

à qui l'on doit, entre autres travaux importants, le choix et l'explication des bronzes exposés maintenant dans le Cabinet, et la nouvelle classification des pierres gravées.

M. du Mersan étant resté premier employé, fut récompensé par la décoration de la Légion-d'Honneur. M. Muret remplaça le jeune Oberlin, mort dans la même année, et sa place fut partagée entre deux auxiliaires, MM. Ghéerbrand et Anatole Chabouillet.

1836.

M. Ghéerbrand étant mort cette année, il fut remplacé par M. Anatole Chabouillet, auquel on adjoignit M. Adrien de Longperrier.

M. Charles Lenormant quitta le Cabinet des médailles pour remplacer, comme conservateur des livres imprimés, le digne M. Van Praët, que la mort enleva aux lettres et à la science, à l'âge de quatre-vingts ans, après en avoir passé cinquante à la Bibliothèque.

1837.

Le personnel du Cabinet des médailles est maintenant ainsi composé :

MM. RAOUL-ROCHETTE et LETRONNE, conservateurs-administrateurs.

M. MIONNET, conservateur-adjoint.

M. MARION DU MERSAN, premier employé.

M. MURET, second employé, dessinateur.

M. *Anatole* CHABOUILLET, troisième employé, auxiliaire.

M. *Adrien* DE LONGPERRIER, quatrième employé, surnuméraire.

Le grand accroissement qu'avait pris le Cabinet des médailles nécessitait cette augmentation de personnel. Des travaux très-considérables, qu'il avait été jusqu'alors impossible de perfectionner, ont été poussés, depuis 1832, avec autant de zèle que d'intelligence. La partie moderne du Cabinet, qui, sans être négligée, n'avait jamais pu marcher de pair avec la partie antique, occupa spécialement les nouveaux employés, et dix mille médailles et monnaies, qui composent les suites historiques des états de l'Europe, furent mises dans un ordre complet. La belle suite iconographique des hommes illustres, au nombre de cinq mille pièces, fut soumise à une nouvelle classification.

Des acquisitions de la plus haute importance augmentèrent considérablement les suites antiques : ce sont celles des médailles qu'apportèrent MM. de Cadalvène, de Gayengos, Durand et Rollin, la collection entière du général Guilleminot, estimée 18,000 fr., une partie de la célèbre collection du musée Hedervar, estimée plus de 30,000 fr. A ces acquisition, vint se joindre le don fait par S. M. Louis-Philippe, des médailles intéressantes de la Bactriane, qui lui avaient été offertes par le général Allard (*Voyez* Raoul-Rochette, *Journal des savants,* août 1834 et suiv.; Mionnet, *Supplément,* t. 8). On ne négligea pas les monuments; et la collection de M. Brondstedt, celle de la magnifique découverte de Berthouville, et, en dernier lieu, une partie des antiquités du cabinet de feu M. Durand, et de celles du prince de Canino, ont porté le Cabinet de France à un degré de splendeur avec lequel aucun musée de l'Europe ne peut rivaliser.

Pour faire jouir le public de toutes ces richesses, on a augmenté les expositions; et les communications étant devenues plus faciles, en raison du plus grand nombre de personnes qui peuvent accueillir les hommes lettrés et studieux, jamais le Cabinet des médailles ne fut plus fréquenté ni plus utile qu'il ne l'est aujourd'hui.

FIN DE LA SECONDE PARTIE.

TABLE

DES PRINCIPAUX ARTICLES.

FIN.

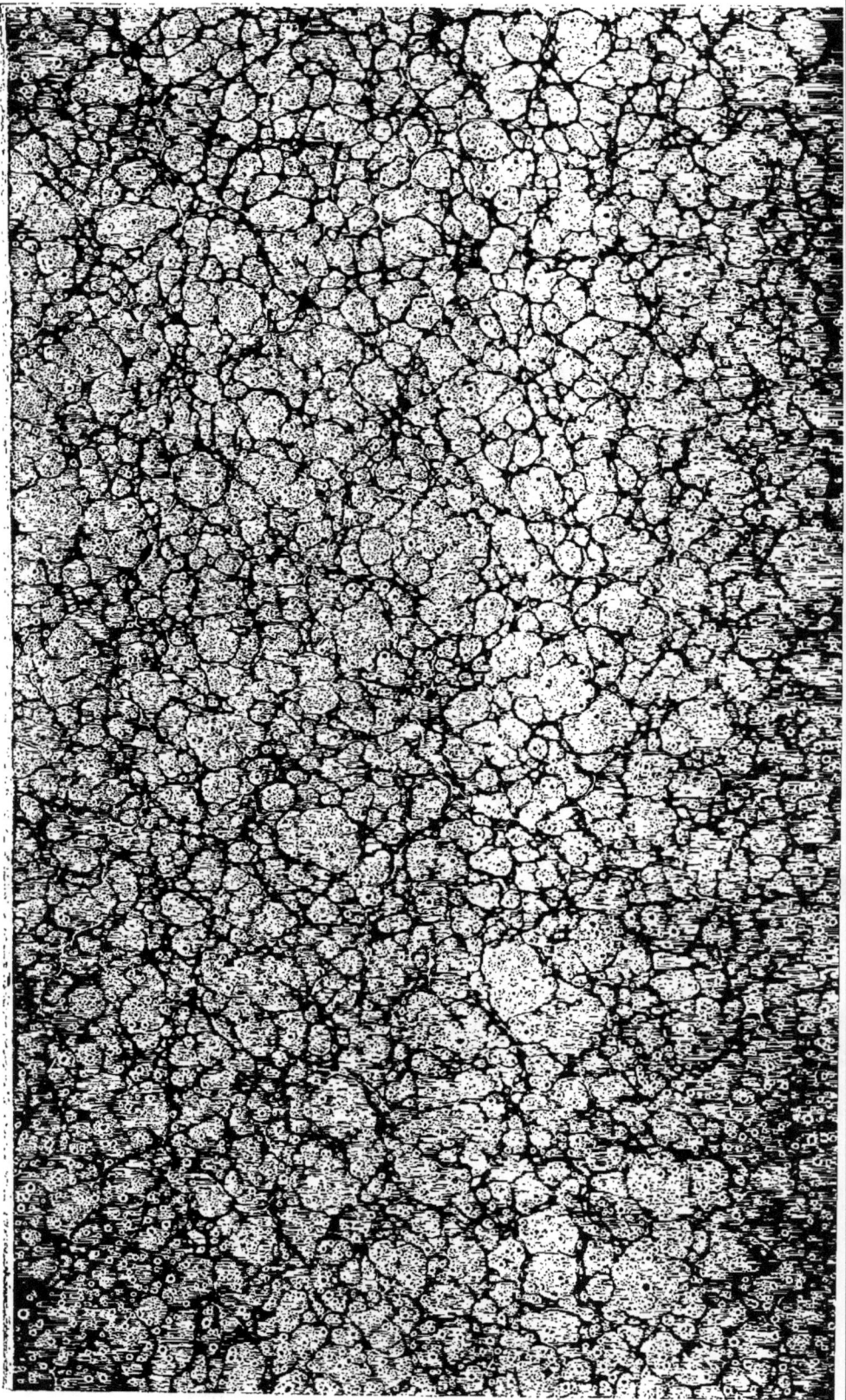

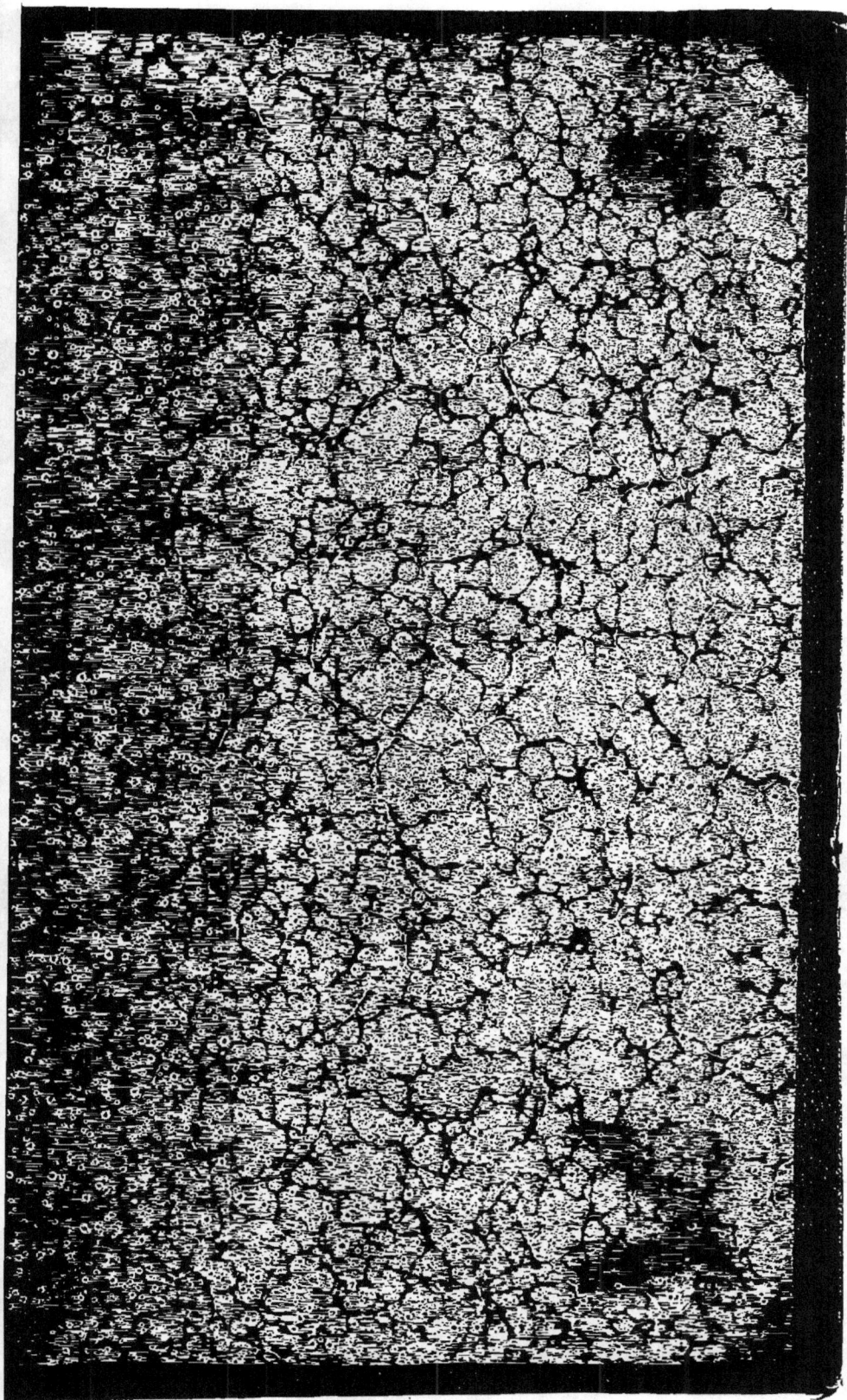

www.ingramcontent.com/pod-product-compliance
Lightning Source LLC
Chambersburg PA
CBHW071946090426
42740CB00011B/1845